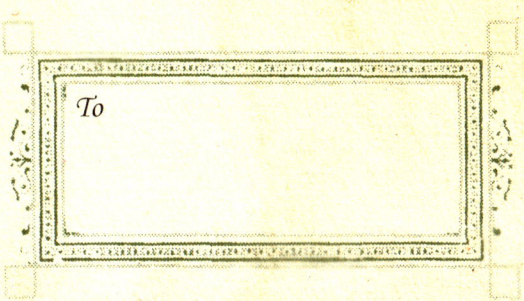

To

From _____

내가 진실로 진실로 너희에게 이르노니
한 알의 밀이 땅에 떨어져 죽지 아니하면 한 알 그대로 있고
죽으면 많은 열매를 맺느니라
(요한복음 12 : 24)

To Father

· 이 책에 인용된 성경 구절은 개역개정판을 사용하였습니다.
· 본서는 빌리 그레이엄 목사님의 부인인 루스 벨 그레이엄 여사가 타개하기 전에 출판되었습니다. 루스 벨 그레이엄 여사는 2007년 6월 14일 영면하셨습니다.
· 현재 빌리 그레이엄 목사는 91세의 고령이십니다.

나의 아버지, 빌리 그레이엄의 유산

루스 그레이엄(Ruth Graham)

빌리 그레이엄과 루스 벨 그레이엄의 딸

공동작업 스테이시 매팅리 (Stacy Mattingly)

옮긴이 전현주

감사의 글

이 책에서 말했듯이, 나는 특별한 사람들 곁에서 자라는 특권을 누렸다. 나는 참으로 여러 사람에게 많은 사랑의 빚을 졌고 이에 대해 깊이 감사하고 있다.

아버지. 나는 불 자체보다 타고 남은 장작불에서 더 따뜻한 온기를 느꼈다. 그의 온화함과 우아함은 내 인생을 다채롭게 했다. 이 책은 그를 기리는 내 마음을 담고 있다.

어머니. 어머니는 아버지의 완벽한 반려자였으며, 우리 집은 항상 어머니로 인해 기쁨으로 넘쳐났다.

형제자매들. 지지 언니와 앤 언니, 프랭클린, 네드는 아버지의 자녀로서 그 유산과 기쁨, 책임감을 함께 나누었다.

이 책을 쓰는 데 많은 분들이 도움을 주셨다. 그분들에게 특별한 감사를 전하고 싶다.

아버지 빌리 그레이엄과 한 팀이었던 모든 '아줌마'들과 '아저씨'들에게 감사한다. 그들은 마치 가족과 같았다. 특히 T 아저씨(T. W. Wilson). 아버지와 동행하며 아버지의 삶과 사역을 사진에 담았던 러스 버스비(Russ Busby)에게 감사한다. 그는 할 일이 아무리 많아도 항상 활기찼다. 버지니아 소머빌(Virgin ia Somerville) 아줌마는 가족사에 대해 속속들이 알고 계시며, 이 책을 위해 이전에 공개된 적이 없는 사진들을 공개해 주셨다. 데이빗 브루스(David Bruce)는 이 책이 아버지를 위한 깜짝 선물이 되도록 막후에서 작업을 해 주었다. 또한 날카로운 눈으로 꼼꼼히 원고를 살펴봐 준 존 에이커스(John Akers)에게 감사한다.

스테이시 매팅리(Stacy Mattingly)는 이 책이 세상에 나오는 데 큰 역할을 해 주었다. 이 책은 우리가 함께 작업한 세 번째 책이다. 나는 그녀의 재능, 탁월함에 대한 추구와 영적인 깊이를 한없이 존중한다. 그녀는 나에게 책 쓰기를 가르쳐 주었으며, 이제는 가족과 같다.

새러 도먼(Sara Dormon)은 가장 충직한 친구이자 조언자이며 관리자이다. 그녀는 내가 옳은 길에서 벗어나지 않도록 도와준다. 나의 비서인 앤 프랑크(Anne Frank)는 생활의 활력과 업무의 질서를 함께 가져다준다. 출판 에이전트인 웨스 요더(Wes Yoder). 그가 보여 준 우정, 이끌어 줌, 그리고 성실함에 감사한다. 앰배서더 에이전시(Ambassador Agency)의 모든 직원들도 마찬가지이다. 우리는 오랜 세월 함께 해 왔다.

인스피리오(Inspirio)의 발행인인 톰 딘(Tom Dean)은 이 책의 아이디어를 처음 제시해 주었고, 지속적으로 격려해 주었다. 함께 일하는 내내 즐거웠다. 인스피리오 직원 모두에게 감사하고 싶다. 그들의 인내와 창의력, 헌신에 감사한다. 발 뷰익(Val Buick) 부사장, 디자인 매니저 에이미 웬거(Amy Wenger), 편집자 킴 젤스트라(Kim Zeilstra) 등 모두에게 감사한다. 사려 깊은 배려와 함께 오랜 시간 열심히 일해 준 것에 대해 감사한다. 디자이너 크리스 길버트(Chris Gilbert)의 솜씨와 성실함도 이 책에 배어 있다. 고객 전략 담당 신디 램버트(Cindy Lambert)에게 특별한 감사를 전한다. 그의 비전과 전문가다움,

따뜻함과 통찰, 우정에 많이 의지했음을 고백한다.
 마지막으로, 나의 사랑하는 프랭크 그레이엄 할아버지, 머로우 그레이엄 할머니, 넬슨 벨 외할아버지, 버지니아 벨 외할머니에게 따뜻한 사랑을 전한다. 그들의 유산은 아직도 내 마음 속에 살아있다.

한국 독자를 위한 서문

나는 열두 살 때 조부모님을 따라 한국을 방문한 적이 있습니다. 그 때 외할아버지는 미국 남장로교회 선교부의 수장이셨지요. 우리는 선교사가 파송된 지역들을 두루 다녔기에, 한국 곳곳을 구경하고 멋진 사람들을 많이 만났습니다. 비행기에 몸을 싣고 점점 멀어지는 한국 땅을 보았을 때 내 마음은 슬펐습니다. 색색의 헝겊을 솜씨 있게 기운 것 같은 아름다운 땅을 보면서 나는 다시 한국에 돌아오고 싶다고 생각했습니다. 그것은 어쩌면 선교사로 돌아오고 싶은 마음이었을지도 모르겠습니다.

나의 이모와 그 가족들은 한국에서 사십 년이 넘게 선교사역을 하셨습니다. 내 사촌은 지금도 한국에서 사역을 하고 있습니다. 그러니 나와 한국과의 인연은 참으로 깊습니다. 1952년 크리스마스 무렵, 아버지는 부흥집회를 인도하시기 위해 한국에 계셨습니다. 험난한 전도여행이었지만, 궁핍한 전시(戰時)였음에도 한국 사람들은 따뜻하고 친절하며 인정 많고 감사하는 모습을 보여주었다고 아버지는 말씀하셨습니다. 많은 사람들이 아버지가 전하는 복음을 듣고 주님을 영접했습니다. 특히, 아버지는 전도 집회에 찾아온 아이들을 애틋한 마음으로 대했습니다. 당시 아버지는 집에 두고 온 우리들을 그리워하셨는데, 그 아이들을 볼 때마다 위로와 기쁨을 얻었다고 하셨습니다.

    1973년 아버지는 한국을 다시 한 번 방문하셨습니다. 그때 여의도 광장에서 가진 집회는 아마도 아버지 생애에 가장 큰 규모가 아니었나 생각합니다. 아버지는 한국 사람들에 대해 각별한 애정이 있으십니다. 한국 사람들이 보여준, 복음에 대한 목마름과 훈련된 삶에 대한 열망에 깊은 감명을 받으신 것입니다. 이제 연로하셔서 거동이 불편하신 아버지는 아직도 한국에서 있었던 집회와 그곳에서 만났던 사람들에 관해 자주 말씀하십니다. 그리고 오늘도 한국 교회에서 전해지는 놀라운 소식들을 기대하고 계십니다.

서문

　이 책은 루스 그레이엄의 이야기인 동시에 빌리 그레이엄의 이야기이며, 하나님의 이야기이도 하다.
　루스 그레이엄은 우리에게 잘 알려진 빌리 그레이엄의 셋째 딸이며, 두 번의 이혼과 여러 인간관계의 어려움을 겪었다. 이 책에서 그녀는 소소한 일상의 기억들을 꺼내어 너무나 유명하고 바쁜 아버지와의 관계가 미친 영향들을 솔직하고 진솔하게 이야기 하고 있다. 20세기 기독교의 거인인 빌리 그레이엄이 아니라 쉽게 만날 수 없었던, 하지만 너무나 사랑하는 아버지를 그리워하는 이야기들이 가득하다. 굴곡진 삶의 여정을 반이나 지난 지금, 비록 원했던 것처럼 살가운 관계는 아니었지만, 하나님의 마음을 품은 아버지의 모습에서 자연스레 배우게 된 믿음의 유산을 깨달았고, 자신 역시 부모가 되어 보니 매정하게만 여겨졌던 아버지의 선택들이 진리와 진실로 일관된 삶의 결과라는 것을 느끼게 되었다.

이 책은 빌리 그레이엄이 이룬 놀라운 업적이 아니라 그런 업적이 나올 수 있었던 그의 자질들을 이야기하고 있다. 실천하는 사랑, 비전을 가지고 일생을 매진하는 모습, 성실, 수많은 당면한 과제 속에서 우선순위를 정해 해결해 나가는 모습, 기꺼이 희생과 대가를 감수하는 모습이, 비단 신앙인으로서 뿐만 아니라 인간적으로 위대한 사람이었음을 보게 한다. 전도자에게 완벽을 기대하는 사람들의 기대에 편승하거나 짓눌리지 않고 불완전한 자신의 모습을 늘 자각하는 겸손함과, 가족의 희생을 감수할 때마다 주님께 무릎꿇는 부성애가 인상적이다. 아이들 위주로 모든 것을 희생하면서도 일관된 목표와 비전을 제시하지 못하는 우리 시대 부모들에게는, 위대한 빌리 그레이엄 사역 뒤에 숨겨진 결단과 포기가 의외의 충격이 될 수 있다. 분주한 사역과 아버지 노릇 사이에서 갈등하는 사역자들에게는 하나님을 의지한다는 것이 무엇인지 실제적인 역할 모델이 될 수 있다.

완벽하지 않은 삶, 완벽하지 않은 가족, 완벽하지 않은 선택. 인생이란 늘 그렇듯이 위대한 전도자 빌리 그레이엄도 그랬다. 늘 곁에서 아이들을 지켜 볼 수 없는 아버지였으며, 힘들어하는 아내에게 언제나 기댈 수 있는 어깨를 줄 수 있는 남편이 아니었다. 항상 사역을 충분히 감당할 수 있을 정도로 건강하지 않았으며, 때로 신앙적인 문제로 씨름하기도 했다. 친구의 배신으로 괴로워하기도 했다. 위대한 전도 사역자를 아버지로 둔 루스 그레이엄은 늘 아버지를 그리워해야 했고, 중요한 선택의 시기마다 아버지의 도움을 기대할 수 없었다. 때로는 아버지의 선택을 이해할 수 없었으며, 질투와 원망도 있었다.

　하지만 완벽하지 않은 빌리 그레이엄과 루스 그레이엄의 삶에 하나님이 계셨다. 하나님은 빌리 그레이엄을 선택하셔서 역사상 그 누구도 할 수 없었던 전도 사역을 감당케 하셨다. 일평생 같이 할 수 있는 동역자들을 허락하셨다. 심신의 건강이 허락지 않을 때도 설교할 수 있는 능력과 힘을 허락하셨다. 그저 '도와주소서'라는 기도에 늘 응답하셨다. 아버지의 도움이 필요할 때마다 루스 그레이엄에게 바쁜 아버지 대신 좋은 사람들과, 좋은 환경들을 붙여 주셨다. 때로 아버지의 사랑도 깊이 느낄 수 있는 기회들을 허락하셨다. 또한 공부를 하는 과정에서 아버지를 아버지로서 뿐만 아니라 전도자로서 이해할 수 있는 기회들을 주셨다. 무엇보다도, 진실한 인생을 산 아버지의 딸로, 그의 모든 모습을 보고 배우게 하셨다.

    자신의 삶과 아버지와의 관계를 통해 하나님을 드러내는 것, 그것이 루스 그레이엄이 아버지 빌리 그레이엄으로부터 얻은 최고의 유산인 동시에 하나님이 허락하신 믿음이다.

감사의 글 *6*

한국 독자를 위한 서문 *10*

서문 *12*

목차 *16*

제1장 세상을 향한 사랑 *21*

사랑을 위해 부름 받다 *28*

가족들의 희생 *34*

오는 것은 최선을 다해 맞이한다 *36*

평범한 일상의 소중함 *44*

아버지의 세계를 보다 *47*

사랑을 경험하다 *51*

사랑은 움직이는 것 *54*

제2장 아버지의 마음 *61*

하나님을 의지하다 *64*

가족과 떨어져 있을 때의 아버지 *68*

사랑과 애정 *71*

격려 *73*

영적 인도 *75*

만나기 힘든 아버지 *78*

마음속의 빈자리 *81*

아버지의 마음을 알다 *86*

제3장 겸손 *93*

약함을 통한 겸손 *98*

하나님만을 붙잡다 *103*

기도를 통하여 하나님을 의지하다 *107*

배우는 자의 자세 *112*

복음을 위해 배우다 *114*

세계를 배우는 학생 *119*

중국에서 보여준 겸손 *122*

가장 훌륭한 본을 보여 주다 *126*

제4장 은혜 *131*

어서 오너라 *134*

은혜 안에서 살다 *138*

우리가 할 수 있는 최선을 하다 *141*

훈련을 통해 최선을 다하다 *144*

소명을 인정받기 위해 노력하다 *147*

훈련받는 기쁨 *153*

말씀 연구를 통해 내게 훈련을 가르쳐 주시다 *155*

그리스도의 인격 *160*

제 5 장 충성 *167*

늙은 전사들 *176*

충직한 종들 *179*

성실함으로 이끌다 *182*

갈등 속에서 성실하다 *185*

배신에 대처하다 *194*

하나님께 맡겨드리다 *199*

제 6 장 진실성 *205*

있는 그대로의 모습으로 *210*

하나님이 연장해 주시는 시간 *213*

뉴욕에서 보여준 진실함 *216*

진정한 겸손 *223*

믿음의 유산 *226*

하나님의 사랑 *229*

진정한 가치 *232*

하나님의 사역은 죽지 않는다 *234*

하나님과 함께하는 평화 *237*

작은 강단 *241*

후주(後註) *246*

제 1 장

세상을 향한 사랑

하나님이 세상을 이처럼 사랑하사 독생자를 주셨으니
이는 그를 믿는 자마다 멸망하지 않고
영생을 얻게 하려 하심이라 (요한복음 3:16)

부엌 창문에서 보면, 우리 집 잔디밭 너머로 회색빛을 드리운 앞산이 한 겨울의 크고 두터운 구름 뒤로 듬성듬성 보인다. 지금은 토요일 아침, 크리스마스이브다. 겨울바람이 우리 집 통나무 벽을 세차게 때린다. 하지만 부엌 벽난로에서 타오르는 불길이 매서운 한기를 몰아낸다. 집 안은 떠들썩한 활기로 가득차 있다.

빈 잔에 커피를 다시 채우며, 부모님은 우리들에게 외출준비를 서두르라고 재촉하신다. 하지만 무척이나 들뜬 여덟 살의 나는, 벌써 목까지 올라오는 셔츠에 두꺼운 스웨터, 외투까지 겹겹이 챙겨 입은 상태였다. 오늘은 우리 가족이 해마다 챙기는 '선물 배달하는 날(box-delivery day)'이다. 이제 곧 아버지가 우리 모두를 지프차에 태워, 이 산골 마을 몬트릿(Montreat) 근처에 살고 있는 가난한 사람들에게 선물을 전해주러 갈 것이다.

부엌에서는 어머니가 여전히 상자에 선물을 채우고 계셨다. 어머니의 비서인 크리스와 집안일을 맡아하는 베아가 어머니를 돕고 있다. 식탁 위에는 갖가지 사탕과 과일, 고기, 통조림, 장난감, 그리고 친구와 지인들이 보내온 크리스마스 선물들이 잔뜩 펼쳐져 있다. 나와 지지 언니, 앤 언니, 그리고 남동생 프랭클린 (막내 네드는 그때 한 살이었다)은 번갈아 부엌을 들락날락거리며 식탁 주위를 서성인다. 어머니가 어떤 상자에 무엇을 넣는지 궁금했던 것이다.

하지만 우리는 식탁 위에 가득한 선물들보다 더 중요한 게 무엇인지 알고 있었다. 부모님은 베푼다는 게 무엇인지 늘 가르쳐주셨다. 우리 가족이 받은 선물은 항상 가난한 사람들을 위해 쓰였다. 아직까지 내 기억 속에 생생하게 남아있는 선물 가운데 하나는, 아버지가 텔레비전 프로그램 '이것이 인생(This Is Your Life)'에 출연한 직후 받은 대단히 멋진 소다수 판매기이다. 어린 내게는 참으로 속상한 일이었지만, 그 기계 역시 다른 선물들과 같은 길을 걸었다. 거리를 떠도는 젊은이들을 위해 사역하던 뉴욕의 한 목회자가 그 소다수 판매기의 주인이 되었다.

어머니가 선물포장을 마무리하자마자, 아버지는 오랜 동역자인 존 릭맨(John Rickman)의 도움을 받아 그것들을 지프차에 싣는다. 뒤이어 모자와 목도리, 외투와 장화로 중무장한 나와 언니들, 남동생이 차에 탄다. 지프에 기어오른 우리들은 아버

앤과 지지 언니, 남동생 프랭클린, 나(가운데)

지가 자동차 시동을 걸기만을 기다린다. 몇몇은 무릎 위에 선물 상자를 올려놓고 있다. 한 손으로 기어를, 다른 한 손으로 운전대를 잡은 채, 아버지는 가파른 산길을 내려갈 수 있도록 우리들의 자세를 가다듬어주신다. 그럼 모든 준비를 마친 셈이다. 자, 이제 출발이다!

휙휙 지나가는 길가의 소나무를 바라보면서, 또 구불구불한 진입로를 따라 거침없이 차를 모는 아버지의 모습을 흘긋 보면서, 내 가슴은 기대감으로 차오른다. 아버지는 너무나 바빠 집을 비우는 시간이 많았다. 그나마 집에 계실 때도 대부분 사람들을 만나고 사역하느라 바쁘셨다. 그래서 아버지와 함께할 수 있는 시간은 선물과도 같았다. 오늘은 아버지와 함께 있을 수 있을 뿐만 아니라, '그레이엄 목사님 (마을 사람들은 아버지를 이렇게 불렀다)'의 사역을 곁에서 도울 수 있는 정말 특별한 날인 것이다!

소박한 집들과 산허리에 띄엄띄엄 놓인 오두막집을 지나면서 우리는 성탄 노래를 부른다. 울퉁불퉁한 흙먼지 길로 조심스레 차를 몰며, 아버지는 어린 시절을 보낸 노스캐롤라이나 주

(州)의 샬롯 시에 위치한 목장에 관한 추억을 이야기해 주신다. 하루 두 번 소젖을 짜야 하는 고된 일과였지만, 할머니는 하루하루를 특별한 날로 만들려고 애쓰셨다고 한다. 우리는 오늘 아침 함께 선물을 준비한 일에 대해서도 이야기를 나눈다. 우리가 받은 것들에 대해 하나님께 늘 감사해야 한다는 것, 그리고 가진 것을 이웃과 나누는 것이 얼마나 중요한 일인지를 우리에게 설명하신다. 그러다 보면 어느새 첫 번째 목적지에 다다른다. 낡고 초라한 모습의 작은 오두막의 굴뚝에서 가는 연기 자락이 피어나고 있다.

잦아드는 자동차 엔진 소리에 아이들 몇몇이 오두막 창문으로 밖을 내다본다. 아이들의 아버지가 느릿느릿 걸어 나온다. 머리에 쓴 모자 때문에 우리를 응시하는 얼굴 위로 그림자가 진다. 여기저기 기운 털옷과 짝이 맞지 않는 장화를 신은 아이들이 주저하며 남자의 뒤를 따른다.

재빨리 지프차에서 내린 아버지는 남자에게 악수를 청하면서 환하게 웃으며 자신을 소개한다. 그제야 남자는 아버지를 알아본다. 모자를 뒤로 젖혀 주름지고 거친 피부를 드러내면서 아버지의 손을 꽉 잡고 흔든다. 두 남자는 한 두 마디 주고받는다. 아버지가 우리에게 손짓을 하신다. 선물상자 하나를 들고 차에서 내리라는 뜻이다.

우리는 음식과 선물이 잔뜩 담긴 상자를 아버지께 건넨다. 때때로 나는 멀리서 아버지를 지켜본다. 전투복 상의와 바지차림에 신사모를 쓴 아버지는 키가 컸지만, 상대를 압도하거나 거리감이 느껴지지 않았다. 남자의 말에 귀를 기울이면서 아버지는 똑바로 상대를 응시하고 있었다. 그의 몸짓은 상대의 마음을 여는 따뜻한 것이다. 고개를 끄덕이는 그 표정에서 나는 상대를 배려하는 주의 깊은 이해심을 본다. 아버지를 바라보는 내 마음은 자랑스러움으로 터질 것만 같다. 저 사람이 내 아버지시다! 나는 선량하고 친절한 나의 아버지를, 진심으로 사랑한다.

아버지는 남자의 어깨에 팔을 두르고, 두 사람은 기도를 하려고 고개를 숙인다. 기도를 마친 둘은 다시 악수를 한다. 남자는 오두막으로, 아버지는 차로 향한다. 한 순간, 두 남자는 다시 한 번 서로를 바라본다. 서로를 깊이 이해하는 눈빛으로. 그리곤 각자의 아이들을 불러 모은다.

"메리 크리스마스!"

차에 오르면서 나와 형제들은 오두막집 아이들을 향해 힘껏 소리를 내지르며 성탄 인사를 전한다. 자동차의 시동을 걸며, 아버지는 우리를 향해 몸을 돌려 미소를 지으며 물으신다. "다음 목적지로 떠날 준비가 되었니?"

사랑을 위해 부름 받다

내 아버지는 복음 전도자시다. 복음으로 사람들의 마음을 움직이고 하나님을 만날 수 있도록 돕는 것이 아버지의 일이다. 하나님은 그 일을 위해 아버지를 지으셨다. 복음전도는 그의 열정이자 기쁨이며, 그의 삶은 복음을 전하며 더욱 풍성해졌다.

오십 년 넘게 살아오면서, 나는 아버지가 자신의 삶의 목적에 대해 흔들리는 모습을 단 한 번도 보지 못했다. 사명에 사로잡혀 앞만 보고 나아가는 사람, 그게 바로 내 아버지다. 세계를 향해 복음을 전하면서 맞닥뜨리는 벅찬 도전과 책임, 그리고 혼란 앞에서 아버지는 항상 예수 그리스도의 복음을 다른 사람들과 나눈다는 사실에 집중했다.

지금까지도 아버지는 열정적이고 성실하며 헌신적이다. 비록 이제는 연로하셔서 많은 시간을 몬트릿에 있는 집에서 보내야 하시지만 말이다.

회고록에서 아버지는 "복음전도자의 추수(evangelistic harvest)는 언제나 촌각을 다툰다."라고 말한다. 이 구절은 1966년, 독일 베를린에서 열린 세계 전도 대회(World Congress on Evangelism)에서 아버지가 했던 개회 설교에서 따온 말이다.

"인류와 국가들의 운명이 매순간 결정되고 있습니다. 각 세대들은 전략적으로 중요한 역할이 있습니다. 하지만 우리는 지나간 세대에 대해서는 책임이 없습니다. 또한 다가올 세대에 대해서도 전적으로 책임질 수는 없습니다. 그러나 우리에겐 우리의 세대가 있습니다! 하나님은 최후의 심판대에서 반드시 우리에게 책임을 물으실 겁니다. 우리가 얼마나 책임을 다했으며 하나님이 우리에게 주신 기회를 활용했는지에 대해 말입니다."[1]

아버지가 복음전도에 바친, 강한 열정과 결의에 찬 수십 년의 세월을 어떻게 말로 표현할 수 있을까? 무엇이 그를 끊임없이 움직이게 했을까? 무엇이 그를 쉬지 않고 목표를 향해 달려가게 만들었을까? 세계 곳곳을 다니며 복음을 증거하는 사이사이 아버지가 우리에게 보낸 편지를 다시 꺼내 읽으며, 나는 그러한 의문들을 풀어갈 수 있었다.

여기, 아버지가 편지에 종종 쓰시곤 하던 이야기 가운데 하나를 소개하려 한다. 이 글은 1969년, 집회를 인도하기 위해 뉴질랜드의 오클랜드를 방문했을 때 보낸 아버지의 편지이다.

"너희들도 기억하겠지만, 십 년 전에 우리는 이곳 오클랜드에서 이틀 간 집회를 한 적이 있단다. 그때 그 집회의 결과를 지금 너희들에게 알려주고 싶구나. 이번 방문에서 내가 누굴 만났는지 한번 들어보렴. 집회가 시작되기 직전에, 잘생긴 젊은 의사와 그의 아름다운 부인이 나를 찾아왔단다. 십 년 전에 그 부부는 교회에 다니지 않았고 예수님과는 전혀 상관없이 살았었지. 어느 날 저녁, 둘은 신문을 읽다가 우리 집회에 관한 기사를 읽었다는구나. 부인이 남편에게 '가서 도대체 무슨 말을 하는지 한 번 들어봐요.'라며 제안을 했지. 그래서 둘은 순전히 호기심으로 집회에 참석했고, 그날 밤 두 사람은 신앙을 갖기로 결정했다는구나. 지금 둘은 오클랜드 지역의 신앙 리더로 섬기고 있다고 한다! 나는 이 일이 '이와 같이 헛되이 내게로 되돌아오지 아니하고 나의 기뻐하는 뜻을 이루며 내가 보낸 일에 형통하리라'는 이사야의 말씀에 대한 확실한 증거라고 생각한다."

1967년의 도쿄 성회에서는, 이런 편지를 보내셨다.

"이곳 사람들은 매일 밤 집회에 공책을 가져와 내가 하는 모든 말씀을 받아 적는단다. 정말 놀라운 광경이야! 이곳 사람들에겐 다른 어떤 곳에서도 볼 수 없었던, 예수 그리스도와 기독교적인 삶에 대해 배우려는 진지함과 성실함이 있단다. 복음을 전하는 일이 결코 쉽지는 않았지만, 매일 밤 천 명이 넘는 사람들이 그리스도를 영접했단다. 일본인에게 '기독교인이 된다'는 건 말이야, 지금까지 그 사람이 알고 있던 거의 모든 생각과 지식을 깨뜨려야 하는 엄청난 결정을 뜻한단다. 그런 까닭에 일본의 그리스도인들은 세계 어느 나라의 기독교인보다 더 헌신적이고 자기희생적일 것이 분명하다."

이와 비슷한 다른 편지들을 읽으면서 나는 깨달았다. 아버지를 움직이는 그 열정의 본질이 무엇인지, 왜 아버지는 결코 자신의 사역을 포기할 수 없는 것인지, 그뿐 아니라 무엇 때문에 어떤 어려움 속에서도 그 사역을 이끌어 나가고, 확장하고, 나날이 더 노력하며 자신의 모든 것을 바치려 하는지, 나는 알 수 있었다. 그것은 여덟 살 소녀였던 내가 목격한 그것, 몬트릿 마을의 가난한 사람들에게 성탄 선물을 전하며 보았던 바로 그 사랑이었다.

하나님을 향한 사랑. 사람들의 삶에서 역사하는 하나님의 일에 대한 사랑. 그리고 세상에 대한 사랑. 인류, 혹은 세상 모든 나라들에 대한 사랑뿐만 아니라, 오직 한 사람을 향한 사랑. 오클랜드의 젊은 의사와 그의 부인을 향한 바로 그 사랑. 아버지의 설교를 온 주의를 기울여 듣고 공책에 기록하는 일본 사람들을 향한 사랑. 굶주림과 고통으로 얼룩진 채, 추운 겨울날 집밖에 나와 하늘을 바라보는 노스캐롤라이나의 산골 마을의 한 사나이를 향한 사랑. 내 아버지의 따뜻하고 세심한 마음은 얼어붙은 사람들의 마음을 녹인다. 그리고 결국 모든 사랑 가운데 가장 위대한 사랑인 하나님의 사랑을 갈망하도록 그들을 이끈다.

성경은 말한다. "하나님이 세상을 이처럼 사랑하사 독생자를 주셨으니(요 3:16)." 복음전도자인 내 아버지는, 설교와 삶을 통해 그 사랑을 더 널리 퍼뜨리라고 하나님의 부르심을 받은 사람이었다.

가족들의 희생

인류를 향한 아버지의 사랑은 때로는 내게 고통이 되기도 했다. 하나님은 대형 스타디움에 구름떼같이 모인 사람들부터 길에서 마주친 단 한 사람의 영혼도 사랑하셨다. 그렇기에 아버지는 기꺼이 사람들을 위해 시간을 내주셨고, 그들은 우리 가족만의 단란한 시간을 자주 방해했다. 하지만 아버지는 자신과 이야기하기 원하는 사람들을 향해 단 한 번도 짜증을 내지 않으셨다. 거들먹거리는 모습도 본 적이 없다. 가족끼리 외식을 하러 나가면 사람들은 종종 아버지에게 사인을 부탁하거나 영적인 고민을 나누고 싶어 했다. 아버지는 상냥하고 다정하게 자리에서 일어나 악수를 청하고 우리를 소개했다. 그리고는 그의 말을 경청했다.

하지만 나는 아버지와의 시간을 사람들에게 빼앗길 때 속이 상했다. 아버지는 화를 내지 않으셨지만, 나는 화가 났다. 아버지와 집에서 보낼 수 있는 시간이 너무나 적었던 것이다. 아버

지는 자신의 일생에서 육십 퍼센트 정도의 시간을 밖에서 보낸 것 같다고 말씀하신다. 아버지가 나를 사랑한다는 사실을 의심한 적은 없지만, 아버지는 다른 누군가 때문에 늘 바빴다. 아버지가 그리웠다. 그의 조언과 확신, 애정, 격려가 필요했다. 그러나 무엇보다 아버지와 함께 있고 싶었다. 하지만 역사상 가장 바쁜 목회자인 아버지를 둔 덕분에 우리 가족은 희생을 감내해야 했다.

물론 아버지의 시간을 다 차지해버린 사역을 시샘한 것은 아니다. 그것은 인간이 할 수 있는 가장 중요한 일 가운데 하나였다. 어머니는 아버지의 사역 덕분에 인생이 바뀐 사람들에 대해 이야기하면서, 아버지의 일이 얼마나 중요한 일인지 강조하고 또 강조하셨다. 어머니가 부엌에 지구본을 놓아두셨기 때문에 우리는 언제라도 아버지가 어디 계신지 확인할 수 있었다. 주일이면 우리 가족은 아버지가 나오는 프로그램인 '결단의 시간(The Hour of Decision)'에 귀를 기울였다. 그 프로그램은 종종 아주 멀리 떨어진 나라에서 전해왔다. "클리프 배로우즈(Cliff Barrows)입니다." 아버지의 절친한 친구이기도 한 그는, 그날 방송이 어느 나라에서 녹음된 것인지 밝히며 '결단의 시간'을 시작하곤 했다.

아주 조금이나마 아버지 목회의 한 부분이 된다는 건 특권이었다. 하지만 솔직히 말하자면, 나는 개인적인 욕구를 더 큰 선으로 승화해야 한다는 압박감 속에서 자랐다. 세상은 나의 아버지를 원했고, 하나님도 나의 아버지가 필요하셨다.

다시 한번 말하지만, 나는 아버지가 나를 사랑했다는 것을 잘 안다. 나는 그에게 중요한 존재였다. 하지만 아버지에겐 또 다른 '중요한 할 일'이 있다는 것도 알았다. 하나님의 사랑을 전하라는 부르심, 그 위대한 사역. 나는 그것과는 도저히 경쟁할 수 없다고 느꼈다.

오는 것은 최선을 다해 맞이한다

어머니는 아버지의 출장이 우리에게 끼칠 좋지 못한 영향을 최대한 줄이기 위해 최선을 다하셨다. 아마 우리보다는 어머

노스캐롤라이나주(州) 블랙 마운틴에서 아버지를 배웅하며 (1950년대)

니 자신을 위해 그리하셨으리라. 우리는 어머니의 노력에 잘 따랐다. 어머니는 아버지가 우리와 많은 시간 떨어져 있어야 한다는 사실을, 그저 대수롭지 않은 일로 여기려 애썼다. 아버지를 배웅하기 위해 근처 마을에 있는 블랙 마운틴 역에 가는 것은 일상적인 나들이였다. 어머니는 아버지가 떠날 때 결코 붙잡거나 울거나 투덜대지 않으셨다. 우리는 아버지께 키스를 하고, 작별인사를 하고 그리고 할 일을 했다. 아버지는 복음을 전하기 위해 길을 나서는 것이다. 그것이 아버지의 일이다. 그 동안 나는 숙제를 하거나, 외할머니 댁에서 저녁을 먹으며 시간을 보냈다. 시간은 흐르기 마련이지만 결코 뛰어넘을 수는 없었다. 어머니는 바쁘게 지내면서도 아버지가 돌아오시길 손꼽아 기다리셨다. 항상 "오는 것은 최선을 다해 맞이하고 가는 것은 미련을 갖지 않는다."고 말씀하셨다.

　　어머니의 말처럼 아버지가 집에 돌아오는 날은 큰 잔치가 벌어졌다. 아버지가 돌아올 날이 다가올수록 어머니는 활기를 띠어갔고, 아버지를 환영하는 작은 행사들을 마련하곤 하셨다. 가끔 어머니는 늘 가던 블랙 마운틴 역보다 아래쪽에 위치한 올드 포트 역으로 우리를 데리고 가셨다. 기차가 힘겹게 언덕을 올라오기 전에 먼저 가서 아버지를 뵈려는 것이다. 우리는 플랫폼에서 친구들과 지인들을 우연히 만나기도 했는데, 그러면 누가

작별 인사를 하는 아버지, 어머니, 그리고 나

먼저 아버지를 태운 기차를 발견하는지 경쟁하곤 했다. 기차가 역에 들어오면 우리 무리들 사이에서는 박수와 함성, 응원의 소리가 터져 나왔다. 저기 아버지의 모습이 보인다. 기차에서 내리면서 우리를 열심히 찾던 아버지. 어머니를 발견하면 얼굴에 미소는 더 환해진다.

집에 도착하면 아버지는 우리를 침실로 부르셨다. 여기 저기 긁힌 갈색 가죽 여행 가방에서 짐을 풀면서 방문했던 나라에서 가져온 특별한 선물을 나누어주셨다. 아버지는 그곳에서 만난 사람들에 관해 이야기해주셨다. 키가 큰 와투시스족, 키가 작은 피그미족, 자부심이 강한 마사이족, 믿음을 지킨 대가로 감옥에 갇힌 중국의 그리스도인 등이 그들이다. 한 번은 아버지가 뉴질랜드에서 만난 한 부부의 어린 딸에 대해 이야기했고, 그 아이와 나는 오랫동안 편지를 주고받았다.

집에 계실 때면, 아버지는 되도록 많은 시간을 우리와 함께 보내려고 애쓰셨다. 우리를 위해 기도해주셨고, 함께 먼 곳까지 도보여행을 가기도 했다. 아버지는 지팡이를 한 손에 쥐고 우리를 데리고 가셨다. 한 무리의 개들도 함께 산등성이를 넘었다.

어느 봄, 아버지가 우리를 근처 애쉬빌에 있는 백화점에 데려가서 옷을 잔뜩 사주신 적이 있었다. 어머니는 그 옷들을 살펴보시곤 바로 반품하러 가셨다. 그때 점원이 말했다고 한다. 자기가 보기에도 아버지가 고른 옷들이 이상했지만, 우리에게 그것을 사주면서 아버지가 너무나 즐거워했기 때문에 도저히 말릴 수 없었다고.

아버지는 서재에서 많은 시간을 보냈다. 다음 집회를 준비하고 비서에게 편지를 받아쓰게 하기도 했다. 그럴 때면 우리는 조용한 환경을 위해 몇 가지 조치를 취해야 했다. 아버지가 집에 오실 때마다 우리는 집 전화번호를 바꿨다. 덕분에 내 어린 시절 친구들은 종종 황당해하곤 했다.

또한 어머니는 아버지가 계신 동안 친구를 집에 데려오지 못하게 했다. 학교에서 집으로 돌아오면 집에서 나온 전선들이 진입로까지 길게 늘어져있는 날이 많았다. 아버지가 '결단의 시간'을 녹화하고 계시다는 뜻이었다. 그러면 우리는 조용히 해야 한다. 아버지는 언제든 자신을 찾으라고 하셨고, 나 역시 아버지가 언제나 사랑으로 맞아주시리라는 걸 알았다. 하지만 나는 늘 아버지를 방해하는 건 아닌지 고민했다. 아무리 급한 일이 있어도, 나는 일하시는 아버지를 방해하지 않았다.

그래서 아버지와의 시간을 뺏는 사람들에 대해 짜증을 내게 되었는지도 모르겠다. 사람들이 아버지의 시간을 마음대로 차지하는 것 같았다. 특히 단순히 남에게 과시하고 싶어서 아버지를 만나려는 사람들에게 더욱 화가 났다. 반면, 우리 가족은 당연히 우리 것인 아버지의 시간과 사랑을 맘껏 누릴 수 없었다. 뭔가 불공평했다. 가족이 함께 보낼 수 있는 시간은 턱없이 모자랐다. '빌리 그레이엄의 세계(The World of Billy Graham)'를 촬영하기 위해 카메라 기사들이 오면, 우리 가족은 컨버터블을 타고 산길을 드라이브하면서 어느 여름 스위스에서 배운 노래를 함께 불렀다. 방송 때문이었지만 그렇게라도 온 가족이 함께할 수 있어 나는 참으로 즐거웠다.

아버지의 부재(不在)는 또 다른 상처가 되었다. 열한 살 무렵, 내가 동네의 골프 코스 위에 있는 친구 집에 놀러갔을 때였다. 골프를 무척 좋아

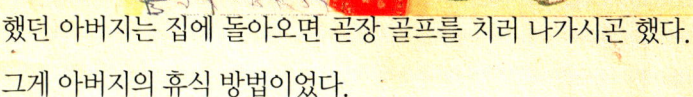

했던 아버지는 집에 돌아오면 곧장 골프를 치러 나가시곤 했다. 그게 아버지의 휴식 방법이었다.

그날, 나와 친구는 골프 코스를 따라 늘어선 나무 밑에서 놀고 있었다. 한 무리의 사람들이 골프를 치는 모습이 멀리서 보였는데, 그 가운데 아버지가 계셨다. 친숙한 아버지의 목소리가 들려왔다. 이렇게 갑작스럽게 아버지와 마주쳤다는 사실에 흥분해서 나는 아버지를 향해 걸어갔다. 하지만 아버지는 나를 반기는 대신 조심하라는 손짓을 하면서 외쳤다. "꼬마 아가씨, 위험하니 비켜서거라." 아버지는 나를 알아보지 못한 것이다. 나는 너무나 무안해서 아무 말도 못했다.

이런 이야기들은 아버지를 슬프게 했다. 아버지는 어린 우리들에게 좋은 아버지가 되어주지 못했던 것을 안타까워 하셨다. 하지만 그건 전혀 사실과 다르다. 아버지는 우리들을 아주 많이 사랑했다. 다만, 너무 자주 집을 비우셨기에 아이들이 자라는 동안 일어나는 온갖 일들을 잘 이해하지 못하셨다. 또한, 부모자식 간의 관계를 탄탄하게 다질 수 있는 기회가 여의치 않았다. 만약 그랬다면

세상을 향한 사랑 43

우리는 좀 더 쉽게 친밀한 관계를 만들었을 것이다. 피곤하고 마음이 무거울 때, 혹은 정신없이 풀썩이는 다섯 아이들의 아버지 노릇을 해야 할 때면, 아버지는 때때로 짜증을 내기도 하셨다. 하지만 어머니는 상황을 받아들이고 "아버지를 이해하라"고 우리를 가르치셨다. 그리고 나는 아버지의 마음을 알고 있었다. 사랑이 넘치는 그 마음을.

평범함 일상의 소중함

아버지의 여행은 종종 몇 달이나 걸리곤 했지만, 나는 아버지의 엄청난 명성과 지위에 대해서는 잘 모른 채 자랐다. 우리는 아버지의 사역을 그런 식으로 이야기한 적이 한 번도 없었다. 나는 아버지가 복음 전도자이자 순회 설교가라는 사실은 알았다. 아버지의 사역이 대단히 중요한 것이라는 걸 이해했다. 하지만 나의 아버지라는 것 외에 유명인사라는 생각은 전혀 없었다. 어느 겨울, 아버지의 친한 동료인 조지 비벌리 셰아(George

Beverly Shea) 아저씨가 우리를 방문했을 때의 기억이 생생하다. 그때, 나는 "아버지는 정말로 유명한 사람이구나!"라고 생각했다.

부모님은 우리가 아버지와 사역을 있는 그대로 받아들이도록 굉장히 애쓰셨다. 부모님은 세상의 각광을 벗어나 우리를 보통 아이들로 키우기 위해 최선을 다하면서, 아버지와 그의 사역을 평범한 일상의 한 부분으로 인정했다. 그럼으로써 우리가 세상과 우리 자신에 대해 건강한 시각을 갖추길 바라셨다. 어머니와 아버지는 스스로를 특별한 사람이라고 여기시지 않았다. 나는 부모님으로부터 아버지의 사역 때문에 우리 가족이 특별한 대우를 받아야 한다는 느낌을 단 한 번도 받은 적이 없다. 부모님들은 절말 그렇게 생각하지 않으셨다. 관심과 찬양의 대상이 될 분은 아버지가 아니라 하나님이시다.

아마도 아버지가 내린 가장 중요한 결정은, 몬트릿의 소박한 산골 공동체에서 우리를 키우기로 한 것일 거다. 마을 사람들 중 다수는, 선교사로 25년 간 중국에서 살았던 외할머니처럼 세계를 돌아다닌 은퇴한 선교사나 목회자였다. 그곳에서는 아버지의 사역이 그다지 특별할 것도 없다. 몬트릿 공동체의 어른들은 우리를 여느 아이들처럼 대했다. 우리가 잘못을 저지르는 것을 보면 험담을 하는 대신 우리를 위해 기도했다. 어느 누구도 내가 빌리 그레이엄의 딸이기 때문에 특별한 기준에 따라 살아야 한다고 말한 적이 없다.

우리 형제자매들은 아버지의 사역이 전 세계의 사람들에게 영향을 미친 사실은 알고 있었다. 한번은 어머니가 유럽으로 여행을 가셨다. 아버지의 비서들과 지인들, 그리고 우리와 친했던 '아저씨'와 '아줌마'들이 아버지와 동행했다. 우리는 아버지가 영국 여왕과 차를 마셨다는 걸 알았다.

나는 아버지가 대통령 당선인 존 F. 케네디와 골프를 친 걸 기억한다. 부통령 시절, 리처드 닉슨이 우리 집을 방문했었다. (나는 그때 집에 없었다.) 우리는 아버지가 고위 공직자들이나 주지사들과 교류가 있다는 걸 확실히 들었다. 종종 그들이 만나는 모습을 신문에서 사진으로 보기도 했다. 하지만 아버지는 영

향력 있는 사람들과의 교류를 대단한 것으로 여기지 않았다. 물론 그러한 관계들도 소중하게 생각하셨지만 사역의 일부로 여길 뿐이었다. 즉, 하나님만이 우리의 최고의 관심이며, 유명하든 아니든 사람은 특별하지 않다는 것이다.

아버지의 세계를 보다

어머니는 이렇게 말씀하곤 하셨다. 아버지가 가족들을 복음 전파의 현장에 데려가는 것은 마치 장군이 가족들을 전장(戰場)에 데려가는 것과 같다고. 그래서 우리가 자라면서 참석한 집회는 극소수에 불과했다. 여섯 살 때 참석했던 1957년 뉴욕 집회와 그 엄청난 인파를 나는 기억한다. 십대 시절에는 1966년과 1967년 런던 집회에 참석했다. 우리는 매일 밤 어머니와 다른 직원들과 함께 차로 집회장에 가서 지정된 곳에 주차를 해야 했다. 빌리 그레이엄 목사의 가족이라고 소개되지는 않았지만 특별한 손님들과 함께 특별석에 앉아서 아버지가 결신의 시간을 인도할 때 주위 사람들을 위해 기도했다. 나는 그때의 가슴 떨림을 좋아했다. 하지만 때로 상담가의 자격으로 아버지의 집회에 정기적으로 참가하는 것은 결혼한 후에야 가능했다. 평소에는 그리스도를 받아들이기 위해 앞으로 나가는 사람들을 기도하고 응원하기 위해 인파 속에 파묻혀 있었다.

　　아버지는 우리를 자신의 사역에 다른 방식으로 참여시키려고 애썼다. 아버지는 우리들에게 설교여행을 떠난 세계 곳곳에서 대단히 멋진 편지들을 보내 오셨다. 각 개인에게 보내기도 했고 단체 편지를 보내기도 했다. 그 편지들은 우리에게 세계를 보는 창이 되었다. 1966년 내가 런던 집회에 참가하기 전에 아버지는 편지를 보내주셨다.

　　"런던에 와서 많은 친구들을 만나고 작년 6월 집회 때 그리스도를 받아들인 많은 사람들을 다시 보니 정말 기쁘구나. 어젯밤, 로열 알버트 홀은 지난 6월 집회의 회심자들로 거의 7천 석이 꽉 들어찼단다. 얼마나 벅차고 즐거운 광경인지 모른다! 그들의 찬양소리란 정말! 설교를 듣는 그들의 모습은 마치 둥지에서 어미새의 모이를 받아먹으려 입을 벌리고 있는 새끼 새들과 같더구나."

몇 주 후 스위스에서 보내온, 손으로 재빨리 흘려 쓴 메모에서 아버지는 종종 그러셨듯이, 세계를 위해 기도해달라고 부탁하셨다. "10월 16일에 있을 집회와 10월 25일에 있을 세계 전도 대회를 위해 베를린으로 향하고 있단다. 이 중요한 두 행사를 위해 기도해 주렴."

며칠 후, 아버지는 베를린에서 잊지 못할 사건에 관해 이렇게 쓰셨다. 우리는 아버지의 눈으로 그것을 볼 수 있었다.

"우리는 결코 잊지 못할 경험을 했단다. 우리는 베를린의 구 영국군 점령 지역으로 가서 동독 쪽의 장벽을 바라보았단다. 매서운 바람이 불었지. 즉시 공산진영의 경비가 우리 얼굴을 향해 불빛을 비추었고 우리를 위협하기 위해 포를 쏘아 올렸어. 우리는 이 끔찍한 광경을 보면서 그곳에 10분에서 15분 정도 서 있었지. 장벽과 지뢰밭, 그리고 철조망들. 베를린 사람들을 생각하니 마음이 무너져 내리는 것 같았단다. 이 끔찍한 장벽 때문에 수많은 사람들이 가족과 헤어져 절대 다시 만날 수가 없게 되었구나."

아버지의 편지는, 늘 그랬듯이, 사랑 그 자체였다. 사람들을 향한 사랑, 세상을 향한 사랑, 고통 받는 자들, 상처 입은 자들, 외로운 자들, 버림받은 자들을 향한 사랑. 아버지가 바라보는 모든 것에 사랑이 묻어 있는 것만 같았다.

그리고 우리에게 그 사랑을, 아버지의 마음을 보여주셨다. 직접 아버지와 얼굴을 마주보고 있지는 않아도, 우리에게 다가오시려는 아버지의 노력 덕분에, 우리는 아버지의 눈을 가질 수 있었다. 그 곳에 서서 아버지와 함께 베를린 장벽을 올려다 보고, 밤하늘에 쏘아올린 포를 보며, 지뢰와 철조망에 슬퍼하고, 헤어져 살 수 밖에 없는 베를린의 이산가족들에게 사랑의 마음을 갖게 되었다.

사랑을 경험하다

때때로 아버지는 우리를 소규모 집회에 데리고 다니셨다. 특별 손님으로 아버지와 함께 여행을 하기도 했다. 아버지와 단둘이 시간을 보내는 일은 많지 않았지만, 아버지의 세계에 합류했다는 것만으로도, 일하시는 아버지를 보는 것만으로도 나는 아버지에게 소속된 존재인 양 느꼈다. 아버지는 항상 다정하게 대해주셨다. 미소로 안아주시며 뽀뽀해 주셨다. 같이 다니다가 만나는 사람들에게 나를 소개시켜 주셨다. 신사인 아버지 곁에 있으면서 난 숙녀가 된 기분이었다.

열세 살 때는 뉴욕시에서 열리는 세계 대회(World's Fair)의 빌리 그레이엄 데이(Billy Graham Day)에 갔다. 빌리 그레이엄 전도 협회의 영상부 부원들은 나에게 화장을 해 주고 사진을 찍어 주었다. 아버지는 세계 대회장에서 내 손을 잡고 걸으면서 말씀하셨다. "사람들이 내가 어떻게 이렇게 아름다운 금발 아가씨와 손을 잡고 있을까 궁금해 할 것이다!" 수줍은 마음에 얼굴이 확 붉어졌지만, 마치 어른이 된 것만 같았고 아버지와 함께 있는 것이 자랑스러웠다. 아버지의 사랑은, 다른 것과는 비교도 안 될 만큼 내 자존감을 세워주었다.

가장 기억에 남는 중요한 일은 열 살 때 플로리다 침례교회에서 열린 부흥성회이다. 우리 가족은 그 해 겨울을 그 곳에서 보냈다. 아버지의 협력자인 리 피셔(Lee Fisher)가 근처 도시에서 부흥성회를 열었고, 아버지는 지원을 하러 가셨다. 교회는 작았고 우리 가족은 뒷좌석에 조용히 앉았기 때문에 아무도 우리가 온 것을 알지 못했다.

예배가 끝나갈 무렵 피셔 아저씨는 사람들 앞에서 그리스도를 주로 시인할 사람은 앞으로 나오라고 말했다. 피아노에서는 찬양이 흘러 나왔다. 나는 사람들의 시선을 의식하면서 자리에 서 있었다. 앞으로 나가고 싶었지만, 사람들은 어떻게 생각할까? 아무리 애써도 사람들의 시선은 자연히 아버지에게 쏠리기 마련이라서 나는 이미 이 작은 교회에서 눈에 띄었다. 강단에까지 나가 소란을 일으키고 싶지 않았다. 만약 아버지가 나 때문에 당황하신다면 어떻게 할까? 나는 주목 받는 것이 두려웠다.

내가 두려움으로 머뭇거리는 사이, 사람들은 속속 앞으로 나갔다. 나는 주저하게 만드는 'no' 보다는 앞으로 나아가고 싶은 'yes'가 더 강렬했다. 어색함을 무릅쓰고 제단 앞으로 나아가 리 아저씨 앞에 섰을 때 나는 눈을 질끈 감고 고개를 숙이고 있었다. 어디선가 발소리가 들렸다. 누군가 앞으로 나오는 모양이었다. 갑자기 내 어깨에 누군가 손을 얹었다. 눈을 떠 보니 아버지의 손이었다. 교인들이 보는 앞에서 내 곁에 서 계셨다. 전 세계를 다니며 수없이 많은 사람들을 주님께 영접시켰던 복음

열세 살의 나

전도자가, 그 딸이 똑같이 사람들 앞에서 주를 시인하려고 할 때 함께 서 있는 것이다. 아버지는 복음을 전하며 세상을 사랑하셨다. 그곳에서 나에게 그 사랑을 가장 친밀하게 보여주고 계셨다.

사랑은 움직이는 것

예수님은 말씀하셨다. "너희가 서로 사랑하면 이로써 모든 사람이 너희가 내 제자인 줄 알리라"(요 13:35).

사람들을 향한 아버지의 사랑은 나날이 깊어지고 있다. 이제는 집에서 대부분의 시간을 보내시지만, 여전히 세상사에 관심을 가지시고 꾸준히 신문을 읽으시면서 절박한 사람들을 도울 방안을 강구하신다. 아버지의 사랑은 복음을 말로 전하는 것에만 그치지 않았다. 어렸을 적 크리스마스 때마다 가난한 사람들에게 선물을 배달하면서 보여주셨듯이, 아버지는 사람을 전인격적으로 사랑하셨고 실제적으로 필요한 것들을 도와 주셨다.

가장 최근, 2004년 12월 쓰나미가 아시아를 강타하고

2005년 8월 허리케인 카트리나가 뉴올리언스와 걸프만을 휩쓸었을 때, 아버지는 애가 타셨다. 몇 시간 동안 말없이 텔레비전 방송만 보셨다. 그리고 동생 프랭클린이 맡고 있는 구호기관, '사마리아인의 지갑 (Samaritan's Purse)'과 빌리 그레이엄 전도협회 세계 구호재단과 함께 피해자들을 도울 수 있는 방안을 모색하셨다. 전처럼 현장에서 직접 도울 수 없어 분명 섭섭하셨을 것이다.

실망하시는 아버지를 보니 예전에 친할머니가 인터뷰에서 하신 말씀이 생각났다. "우리 아들은 거절할 줄을 모릅니다." 아버지가 젊으셨을 때 받았던 수많은 설교 요청을 두고 하신 말씀이었다. 아버지는 "언제나 마다하지 않으셨다." 항상 달려가서 사람들의 필요를 채우셨다. 그것이 바로 우리 아버지시다. 도우려는 마음과 사랑으로 충만하여 할 수 있는 한 언제나 "yes"라고 말씀하신다.

아버지가 일평생 사역을 통해 보여주시려 하신 것은 자기희생을 통한 사랑의 헌신이다. 아버지는 사생활, 개인의 시간, 관계들을 희생하셨다. 육체적 소모도 상당하였다. 물론 기꺼이 원한 일이었고 하나님께서 원하시는 것은 무엇이든 하셨지만, 아버지처럼 한다는 것은 결코 쉽지 않았다. 우리는 아버지의 부재로 많은 것을 희생했다. 그것은 아버지도 마찬가지였다.

아버지는 비망록에서 이렇게 말씀하셨다. "생각해 보면, 심리적으로 또 정서적으로 매우 힘든 시기를 버텨 왔다. 집에 없는 시간이 많았기 때문에 아이들이 자라고 성장하는 모습이 너무나 보고 싶었다……내가 집에 없는 동안 아이들도 아빠를 보고 싶어 했겠지만, 내가 아이들과 아내를 그리워한 것만큼은 아닐 것이다."[2]

아버지는 전심으로 헌신하는 데 엄격한 기준을 정해 놓으셨다. 그에 반해 나는 균형을 추구하면서 한계선을 긋는 경우가 있다. 아마도 어린 시절에 아버지가 너무 많이 내어 주시는 것을

바하마 교회에서
설교하시는 아버지
(1986년)

보면서 오히려 사랑을 유보하는 성향이 생겼나 보다. 내가 받아야 할 많은 것들, 관심, 염려, 사랑, 시간을 다른 사람들에게 빼앗겼다고 생각했기에 나는 자신을 방어하려 했다. 결국 모든 것을 내어주지 않으려는 보통 사람인 것이다.

어쩌면 그것은 내 성격 탓이기도 하다. 나는 남의 일에 관여하기를 꺼려하고, 적극적으로 개입하기 보다는 뒤에서 지켜보는 편이다. 그 성격은 여전히 남아 있지만, 자신만의 방법으로 사랑하는 법을 배우면서 아버지의 본을 따르려고 애쓰고 있다. 사람들과 좀 더 가까이 하고 싶다.

공항이나 음식점에서 우연히 만난 사람들에게 사랑으로 대하고 싶다. 연로하신 분들, 도움이 필요한 사람들, 소외된 사람들에게 손을 내밀고 싶다. 부드러운 마음과 격려하는 능력, 불편할 때도 기꺼이 수고하는 자세를 달라고 늘 기도한다. 이런 사랑의 모습들은 아버지가 주신 선물이다. 아버지는 내게 그 방법을 보여 주셨다.

어린 시절 아버지의 부재로 인해 어떤 상처를 받았든지 간에, 나는 주저함 없이 사랑하는, 다정하고 헌신적인 사람을 아버지로 두는 특권을 가졌다. 하나님께서 세상을 사랑하는 방식 그대로 사랑하려고 애쓰셨던 아버지. 그래서 세상은 하나님의 사랑을 알 수 있었고, 경험할 수 있었다.

인도에서 사이클론과 해일의 피해자들과 함께 계신 아버지 (1977년)

제 2 장

아버지의 마음

주의 신실을 아버지가 그의 자녀에게 알게 하리이다

(이사야 38:19)

1971년 시카고. 아버지는 맥코믹 플레이스에서 마지막 날 저녁 집회를 앞두고 계셨고 나는 아버지를 만나기 위해 급히 호텔 방으로 가고 있었다. 아버지가 집회를 준비하실 때 만나러 간 일은 이제껏 단 한 번도 없었다. 하지만 그날 저녁 나는 너무나 절박했다. 갓 결혼한 스무 살의 나는 남편과 심한 말다툼을 했다. 누군가의 사랑이 간절했다. 아버지가 나와 이야기할 시간을 내실 수 있는지, 뭐라 말씀하실지 전혀 알 수 없었다. 심지어 내가 듣고 싶은 말이 무엇인지도 몰랐다. 그저 아버지의 위로를 받고 싶을 뿐이었다.

문을 두드리자, 아버지의 오랜 동역자이자 친구인 T 아저씨 (T. W. Wilson)가 문을 열어 주셨다. 훤칠한 키에 거구인 아저씨가 따뜻한 미소로 나를 반겨 주셨다. 부모님께 헌신적이셨던 아저씨는, 우리 형제자매들을 자기 자식처럼 대해 주셨다.

나는 절망감을 감추며 물었다. "아버지를 뵐 수 있을까요?" T 아저씨는 내 눈을 들여다보시고는 알겠다는 듯 고개를 끄덕이셨다. 그리고는 팔로 나를 감싸 안고 아버지 방 쪽을 눈으로 가리켰다.

"어서 들어 가 봐. 저기 계셔."

나는 가로질러 가, 아버지 방의 문틈을 들여다보았다. 그 순간, 바쁜 아버지를 방해하는 것이었지만, 미안하다는 생각보다는 아버지가 단 일분만이라도 나를 위해 시간을 내주실 수 있는지에만 관심이 쏠렸다.

"어서 와라 버니(나의 애칭)야, 어서."

남부 신사의 예절이 몸에 밴 아버지는 일어나서 나를 맞아 주셨다. 그 바람에 보시던 서류는 바닥에 떨어졌다. 아버지는 집회를 위해 이미 옷까지 다 갖추어 입고 계셨다.

"아버지, 정말 죄송해요. 바쁘신데……하지만 저는……" 더 이상 말을 할 수가 없었다. 눈물이 흘렀다. 아버지는 내게 다가와 안아주시며 물으셨나. "왜 그러니?" 나는 잠시 아버지 어깨에 기대 서 있었다. 마음을 가라앉히려고 안간힘을 썼다. 잠시 후, 남편과의 다툼을 말씀드렸다. "어떻게 하면 좋을까요?"

아버지는 침대에 앉으시면서 옆으로 오라고 몸짓을 하셨다. "버니야." 조용히, 그러나 그 순간 복잡한 나의 감정을 꿰뚫어 보시듯 단호하게 말씀하셨다. "이제 막 결혼한 너에게 어려운 문제일 수 있지. 그리고 너희 둘은 새파란 젊은이들이잖아. 내가 해 줄 수 있는 말은 이것뿐이구나. 네 엄마가 결혼 초기에 이렇게 말했단다. 자신은 예수님과 먼저 결혼하였다고. 네 엄마는 필요한 것들을 나한테서만 채우려 하지 않았지. 낮에 어떤 일이 있었든, 잠자리에 들기 전에 내게 입맞춤을 하면서 사랑한다고 말해준단다."

하나님을 의지하다

이 날의 만남을 잊을 수 없는 이유가 몇 가지 있다. 우선, 중요한 집회를 앞둔 아버지께 방해가 되었을 만남이었다. 그리고 어떤 문제를 가지고 찾아간 날이었다. 다섯 형제자매의 셋째로서 나는 문제를 일으키지 않으려고 애썼다. 아버지의 일을 방해하고 싶지 않았다. 그래서 나 혼자서 문제를 붙들고 씨름했었다. 따라서 부흥회를 코앞에 두고 바쁘셨던 아버지에게 해답까지 달라며 찾아갔던 그날의 일은 내 고민이 얼마나 컸는지를 보여주는 것이다.

그 상황에서 나를 만나 주신 아버지가 큰 위로가 된 것은 사실이지만, 정작 내 마음을 흔들어 놓은 것은 아버지의 말씀이었다. 솔직히 그 순간에는 아버지의 말씀이 이해가 되지 않았다. 의외의 말씀이셨다. 지금 생각해 보니, 나는 아버지가 나의 자기연민을 이해해주고 내 편이 되어 남편의 잘못을 인정해 주시길 원했던 것 같다. 그러나 아버지는 나의 자기연민에 조금도 동조하지 않으셨다. 내 편이 되어 남편을 공격하지도 않으셨다. 아버지의 충고를 통해 나는 자기연민에서 벗어났다. 더 나아가, 예수님을 바라보게 되었고, 예수님이 계획하신 부부관계를 생각하게 되었다. 남편을 돌아볼 뿐만 아니라 나 자신을 돌아보게 되었다.

집에서 어머니와 아버지

그리고 나의 태도에 책임을 통감하게 되었다. 아버지의 충고는 단순하면서도 깊고 옳았다. 어머니처럼 나도 예수님만 의지하여 다양한 필요를 채우면 나머지는 저절로 해결된다는 것이다. 어머니가 "예수님과 먼저 결혼했다"는 아버지의 말씀은 아버지 자신의 인생과 소명에 대한 생각을 반영하기도 한다.

막중한 소명을 감당해야 하는 아버지는 아내와 아이들의 온갖 필요를 모두 채워 줄 수 없다는 것을 믿어야 했다. 전도 여행을 다니며 장시간 집을 비울 때는 가족의 안녕을 하나님께 맡겨야 했다. 아버지는 우리를 위해 항상 기도하였으며, 최선을 다해 주님의 명령을 따랐고, 자신이 직접 보살피지 못하는 것들을 하나님께, 또한 어머니에게 맡겼다. 그것이 아버지가 사는 방식이었다.

아버지는 문제, 도전, 실패에 머뭇거리는 대신, 진취적인 인생관과 끊임없는 도전정신으로 하나님만 의지하셨다. 정말 감사한 일이다.

앤, 어머니, 지지, 프랭클린, 아버지, 어머니에게 기대있는 나

가족과 떨어져 있을 때의 아버지

가족을 주님 손에 맡기고 장기간 해외 전도여행을 떠나야 했던 아버지 역시 우리만큼이나 함께 지내지 못하는 것을 아쉬워하셨다. 내가 대학생일 때 아버지는 뉴질랜드 오클랜드에서 편지를 보내주셨다. 그 편지에는 가족을 그리는 마음이 가득했다. "얘들아, 한두 시간만이라도 우리 모두가 함께 있었으면 얼마나 좋을까 생각한다. 너희들의 웃음소리, 우는 소리, 심지어는 싸우는 소리까지도 그립구나!"

결혼한 지 몇 개월 지났을 무렵, 솔직한 내 심정을 아버지께 편지로 보내 드렸더니 다음과 같은 답장을 보내주셨다. "솔직하게 말해 주어서 고맙구나. 앞으로도 계속 그러기를 바란다. 너희들이 자랄 때 그 모습을 곁에서 지켜 볼 수 없었기에 애비로서 할 일을 다 못했다고 생각하고 있었는데 너의 진솔한 편지를 받으니 감격스럽구나. 네가 나를 사랑하고 자랑스럽게 생각하는 것이 큰 격려가 된다. 나도 마음 가장 깊은 곳에서 너를 사랑하고 자랑스럽게 생각한단다."

장기간 해외선교 여행을 하셔야 했지만, 아버지는 아버지의 역할과 해외 선교 일, 모두에 최선을 다하시려 애쓰셨다. 아버지는 시간 나시는 대로 우리들의 학교를 찾아오셨다. (한번은 아버지와 T 아저씨가 내가 다니던 플로리다의 기숙학교에 아저씨의 딸 샐리를 데리고 찾아 오셨다. 우리 두 쌍의 부녀는 함께 즐거운 주말을 보냈다.) 아버지는 '대리인'을 위촉하기도 하셨다. 예를 들면, 나중에 나의 시부모님이 되신 프레드 아저씨와 밀리 아주머니는 내가 뉴욕의 기숙학교에 다닐 때 정기적으로 저녁식사나 쇼핑에 데리고 다니셨다. 아버지는 동료 사역자에게 학교로 나를 찾아가 그의 가족과 함께 주일을 보내도록 초대해 달라고 부탁하기도 하셨다. 동료에게 보낸 편지에서 아버지는 "그 아이가 무척 좋아할 것입니다"라고 쓰셨다.

　　아버지의 동료 사역자들은 모두 우리에게 부모와 다름없었다. 내가 열여덟에 약혼하였을 때, 클리프 아저씨와 T 아저씨는 아름다운 격려의 편지를 주셨다. T 아저씨는 "네가 이렇게 어엿한 숙녀가 되었다니 믿기지가 않는구나. 너는 귀여운 어린 아이 때처럼 여전히 사랑스럽단다. 나는 네 아버지의 명성과 상

예루살렘에서 앤, 지지, 프랭클린, 어머니, 나 (1960년)

관없이 있는 그대로의 네 모습, 성격, 매력, 따뜻함 때문에 너를 사랑한다."고 쓰셨다. 진정 나를 친자식처럼 사랑해 주신 분의 다정한 격려의 말씀이었다.

    아버지는 한때 나를 남동생 프랭클린을 돌보는 아버지의 '대리인'으로 세우셨다. 1969년 여름, 프랭클린과 나는 이스라엘에서 빌리 그레이엄 전도협회 영상부의 영화 '그의 땅(His Land)' 제작을 돕고 있었다. 당시 아버지는 뉴욕에서 집회를 하고 계셨는데, 그 해 여름이 프랭클린의 인생에서 매우 중요한 시기라는 것을 강조한 편지를 보내 오셨다. "하나님께서 너를 이스

라엘에 보내신 이유가 있다고 믿는다. 프랭클린을 도와주렴. 많이 사랑해 주고 귀 기울여 들어 주려무나. 프랭클린이 영적인 성장을 이루도록, 또 일생의 사명을 깨닫도록 힘을 북돋워 줘야 한다. 내가 해 줄 수 있는 일은 한계가 있단다. 하지만 너는 많은 것을 해 줄 수 있어."

아버지는 얼굴을 마주 보고 이야기 할 수 없을 때, 전화, 전보, 편지를 통해 아버지의 역할을 효과적으로 수행하셨다. 어머니는 우리들이 필요한 것들을 아버지에게 알려드렸고, 아버지는 적절한 때에 우리에게 위로, 방향제시, 격려, 주의, 꾸지람을 하셨다. 아버지가 주신 것을 구체적으로 적어본다면, 다음과 같다.

사랑과 애정

아버지는 사랑을 표현하는 방법을 잘 알고 계셨다. 그는 온유하며 애정에 넘쳤으며, 나를 얼마나 사랑하는지 주저 없이 말씀하셨다. 항상 나를 생각하시고 나를 위해 기도하신다고 말씀하셨다. 이러한 점은 아버지의 편지에도 잘 나타나 있다. 아버지가 우리들에게 보낸 편지의 끝 인사말을 보면 알 수 있다.

- 너희를 무척 좋아하는 아버지로부터
- 너희를 사랑하고 자랑스럽게 여기는 아버지로부터
- 사랑과 자랑이 가득 찬 마음으로 아버지가
- 깊은 사랑과 키스를 보내며 아버지가
- 각자 소중한 자리에 있는 너희들, 한 사람 한 사람에게

마음으로부터 사랑을 보낸다. 아버지

내가 뉴욕의 기숙학교에서 힘든 나날을 보내던 해, 아버지는 부드러운 어조로 심경을 말씀하셨다. "사랑스러운 버니야, 조금 전 너와 전화통화를 하면서 네 마음속에 뭔가 있다는 생각이 들었다. 뉴욕으로 달려가 너를 안고 얼마나 너를 사랑하고 자랑스럽게 여기는 지 직접 말하지 못하는 것이 못내 아쉽구나. 네 어머니와 내가 이 세상의 누구보다도 너를 사랑하고 너에게 좋은 것만 주고 싶어 하는 것을 네가 알아주었으면 좋겠다."

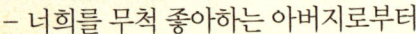

격려

내가 뉴욕에서 힘들게 일 년을 지낼 때, 아버지는 편지를 자주 보내 주셨다. 부모님은 삼학년 초에 나를 뉴욕으로 전학시키셨다. 플로리다의 따뜻한 환경에 비하면 적지 않은 변화였고 나는 만성피로증후군의 일종인 단핵증이라는 병까지 걸렸다. 적응하기가 힘들었고 매일 두려움과 싸워야 했다. 게다가 심한 향수까지 느꼈다.

가을 학기가 시작될 무렵 아버지가 런던에서 우리 형제자매들에게 보낸 편지에는 다음과 같이 적혀 있다. "우리 모두 버니를 위해 특별히 기도해야 한다. 병이 완치되지 않은데다가……. 심신이 극도로 쇠약해져 있어 우울해하고 있단다. 하지만 나는 버니가 학교에서 한 줄기 빛이 되며 다른 학생들의 모범이 되어 선생님들에게 큰 도움이 되리라 믿는다."

이 시기에 아버지는 항상 유쾌하고 기운을 북돋는 엽서나 편지를 보내 주셔서 병과 고독의 반대편에 희망이 있다는 것을 일깨워 주셨다. 내게 전적으로 공감한다고 말씀해 주셨고, 내가

73

병과 고독과 싸울 때 곁에 계시다는 것을 알려 주셨다.

하지만 남편과 다툰 후 시카고 호텔로 아버지를 찾아 갔을 때와 마찬가지로, 내가 자기연민에 흔들리거나 감정의 늪에 빠지도록 놔두지는 않으셨다. 눈을 높이 들어 문제 너머를 보도록 격려하면서 한층 더 높은 자리로 이끄셨다. 아버지는 그리스도인다운 성품개발과 성경에 의지하여 나아갈 길을 결정하는 가치를 가르쳐 주셨다.

아버지는 스위스에서 다음과 같은 편지를 보내 주셨다. "네 몸이 불편하다니 너무나 마음이 아프구나. 매일 너를 위해 기도하고 있다.…… 적응하기 어려울 것이라 짐작이 된다.…… 새 환경에 적응하는 데에 적어도 3, 4개월이 걸릴 것이다. 나는 네가 그 과정을 이겨내면 강한 그리스도인이 될 것을 믿는다. 우리 모두는 너를 자랑스럽게 여기고 있다."

아버지가 나를 격려해 주시는 방법 중에 하나는, 내가 자신을 어떻게 보든 상관없이 아버지가 나를 어떻게 생각하시는지 가르쳐 주는 것이었다. 의기소침해 있을 때 아버지가 나의 가치를 깨우쳐 주시면, 어려움을 이겨나갈 희망이 생겼다.

가을학기 말, 아버지는 편지를 보내 주셨다. "플로리다에서 이 짧은 편지를 쓴다. 항상 너를 생각하고 있으며 너와 같이 훌륭한 딸을 주신 주님께 감사하고 있단다. 다른 어느 해 보다 올해 네가 더 자랑스럽구나. 적응하기가 어려웠겠지만 너는 강한 믿음의 병사처럼 이겨내었구나. 진짜 버니가 나타나기 시작한 것 같다. 고난, 낙심, 위기 속의 용기, 믿음, 확신, 침착 그리고 사랑을 보여 준 것이다. 이러한 미덕을 지닌 너 때문에 우리는 참으로 감사하고 네가 자랑스럽다."

영적 인도

아버지는 그저 입으로 사랑을 말씀하지 않으셨다. 실제적인 가르침을 주셨다. 그 해 아버지가 뉴욕에 있는 나에게 보내 주신 편지 가운데 한 통은 폭넓은 영적 가르침과 곧바로 실행할 수 있는 성경말씀들을 주셨다.

내가 문제와 딜레마, 마귀와 맞닥뜨릴 때마다 새기는 말이 있는데, 바로 "두려워 말라"는 것이다. 어떤 사람은 이것이 하나님의 자녀에게서 두려움을 제거하는 하나님의 말씀이라고 했다. 우리 모두는 살아가면서 이 말씀이 절실한 문제를 만나기 마련이란다.

아브라함에게 하나님은 "두려워하지 말라. 나는 네 방패요 너의 지극히 큰 상급이니라"(창 15:1), 여호수아에게 "두려워하지 말라. 놀라지 말라"(수 8:1), 그리고 기드온에게 "너는 안심하라. 두려워 말라. 죽지 아니하리라" (삿 6:23)라고 말씀하셨다. 우리는 문제와 고난을 헤쳐 나가기보다 차라리 죽는 것이 낫겠다고 생각할 때가 많이 있단다. 그러나 주님께서는 "두려워 말라. 죽지 아니하리라"고 약속하여 주신다.

또 이런 말씀도 있다. "두려워 말라. 우리와 함께한 자가 그들과 함께한 자보다 많으니라" (왕하 6:16) 마귀는 너를 쓰러뜨리려고 수없이 달려들 것이다. 온갖 방법으로 널 공격할 것이다. 마귀는 젊은이를 낙심케 하고 기를 죽이고 특히 샛길로 빠져나가도록 유도하는 데 노련한 선수이다. 그러나 "우리와 함께한 자가 그들과 함께한 자 보다 많으니라"는 말씀을 잊지 말아라.

"두려워하지 않을 것은 주께서 나와 함께 하심이라"하신 시편 23편 4절의 말씀을, 또 "여호와는 나의 빛이요 나의 구원이시니 내가 누구를 두려워 하리요"하신 시편 27편 1절을 기억하렴. 또 "여호와는 내 편이시라 내가 두려워하지 아니하리니 사람이 내게 어찌할까"라는 시편 작가의 말을 명심하려무나.

사랑하는 내 딸아, 우리도 너를 사랑하지만 하나님은 너를 더욱 더 깊이 사랑하신다. 네가 잘 동안에도 하나님께서는 너의 문제를 해결하기 위해 일하신단다.

아버지는 어떤 환경에서도 굳건히 서기 위해 하나님만을 의지하셨다. 하나님의 길만을 걸으려는, 목표만 바라보겠다는, 항상 밀려왔을 두려움과 방심을 이겨내겠다는 확고한 결단이 있었다. 또한, 아버지는 사랑하는 자들을 주님께서 지키시고 돌보시도록 간구하셨다. "하나님은 너를 더욱 깊이 사랑하신다"라고 아버지는 쓰셨다. 내가 잠자는 동안에도 하나님께서 지켜 주신다고 쓰신 아버지. 아마 이 글을 쓰시면서 자신의 믿음도 성장하길 바라셨을 것이다. 주님께서는 아버지의 가족을 돌보고 계셨다. "두려워 말라."

만나기 힘든 아버지

맨 처음 혼자 아버지를 만나러 갔던 때가 어제 일 같다. 1965년 여름, 열네 살 때, 나는 우리 가족과 친분이 있는 분을 만나러 뉴욕에 갔었다. 그때, 어머니가 전화로 아버지의 일정이 갑자기 변경되어 뉴욕에 계시니 곧바로 찾아가라고 말씀하시며 호텔 이름을 알려 주셨다.

호텔은 쉽게 찾았다. 나는 같이 간 친구를 로비에서 기다리게 하고 엘리베이터를 탔다. 날아갈 것만 같았다. 열다섯 살도 채 되지 않은 내가 이 큰 도시에서 혼자 아버지를 만나러 가는 길이었다. 갑자기 어른이 된 것만 같았다. 연락도 없이 갑자기 찾아 왔다는 생각은 못하고, 일상과 다른 상황에서 아버지를 만난다는 것이 기뻐 한껏 들떠 있었다.

엘리베이터에서 내려 어머니가 가르쳐 주신 방으로 가서 노크했다. 모르는 남자가 문을 열었다. 금발의 십대 소녀를 재미있다는 듯이 보며, "어떻게 왔나요?"라고 그가 물었다. "그레이엄 목사님을 뵈러 왔습니다." 나는 옷을 만지작거리며 대답했다.

왜 그때 아버지를 만나러 왔다고 말하지 못했을까. 아마 문을 열어준 사람이 낯선 남자라서 당황했던 것 같다. 어쩌면 다른 방을 노크했다고 생각했는지도 모른다. 그는 아버지가 안 계시다고 말했다. "미안합니다." 그는 문을 닫으면서 말했다.

나는 인기척 하나 없는 복도에 나만 홀로 남겨 두고 들어가는 그를 보고만 있었다. 아버지가 바쁘실 거라 생각했다. 게다가 그레이엄 목사의 딸이라는 것도 밝히지 않았는데, 무엇을 기대한단 말인가? 그 사람이 어떻게 알겠어.

나는 풀이 죽어 복도를 따라 엘리베이터로 갔다. 엘리베이터 단추를 막 누르려는 순간, 복도 저 쪽에서 문소리가 나더니 한 남자가 "잠깐" 하고 불렀다. 뒤돌아보니 아까 그 남자가 서 있었다. "네가 버니니?" 그는 미안한 듯이 물었다. "같이 가자. 미안하게 됐구나. 아버지가 지금 보고 싶어 하신다." 그는 곧장 나를 아버지 방으로 데려다 주었다. 결국 아버지를 만날 수 있었다. 하지만 나는 아버지를 만날 때 장애에 부딪히는 것이 퍽 익숙해져 있는 터였다.

1950년대 말, 아버지가 로스앤젤레스 집회의 성공으로 전국적인 명성을 얻은 후 일 년도 더 지나 태어난 나로서는 아버지를 아무 때나 쉽게 만난다는 것은 상상도 못할 일이다. 아버지의 사역은 계속 확대되었고, 자라면서 점차 다른 사람을 거쳐 아버지를 만나는 것에 익숙해졌다. 아버지를 만나려면 누군가를 통해야만 했다. 이것이 현실이었다.

이러한 현실에 좌절감을 느낀 적도 있었지만 결국 받아들일 수밖에 없었다. 사실, 어떤 때는 아버지를 만나려고 애쓰는 것보다 직원들에게 가서 필요한 것을 말하는 것이 더 수월했다. 그리고 나는 그들을 진심으로 좋아했다. 그들은 신실하고 사랑이 넘치는 하나님의 사람들인 동시에 우리 형제자매들을 보호하기 위해서는 최선을 다하는 분들이셨다.

하지만 제 아무리 훌륭한 사람들에게 둘러싸여 있다 하더라도, 세계선교의 한복판에서 독특한 가정생활에 나름대로 적응하고 있다 하더라도, 나와 아버지와의 관계 사이에 누군가 있다는 현실이 늘 변함없었다.

예를 들어, 어머니는 항상 가까이에서 협회 일을 챙기던 T 아저씨와 장기 집회를 다니셨던 아버지 중에 누가 남편인지 모르겠다는 농담을 하셨다. 우리에게 헌신적이었던 그 분들에게는 진심으로 감사하고 있다. 하지만 우리 가족끼리만 오붓하게 있어 본 적도 거의 없었고 마음대로 아버지를 만날 수 없었던 것도 사실이다.

마음속의 빈자리

내가 십대가 되었을 때, 이러한 부녀관계의 문제점들이 수면 위로 드러나기 시작했다. 그때 나는 인생에서 중요한 결정과 선택들을 맞닥뜨리기 시작했다. 나는 아버

아버지의 비서 "루번 아줌마"와 함께

지의 충고가 필요했다. 아버지와 마주 앉아 내 진로에 대해 어떻게 생각하시는지 여쭙고 싶었다. 물론, 아버지는 최선을 다하셨다. 바쁜 사역 일정을 쪼개어 내게 다가오시려고 노력하셨다. 하지만, 내 인생에서 중요한 시기에 제삼자를 통해 이어질 수밖에 없었던 아버지와의 관계는 내 마음에 상처가 되었다.

때로는 아버지가 너무 기진맥진하셔서 쉬셔야 했기 때문에, 때로는 사역의 부담감이 너무 커서 아버지와 나누고 싶은 이야기들을 혼자 접어야만 했다. 고등학교 졸업을 앞두고 캘리포니아로 가족여행을 갔을 때였다. 어느 오후, 가족들이 거실에 앉아 이야기를 나누고 있었는데, 화제는 자연스럽게 나의 졸업 후 진로로 넘어갔다. 아버지가 쉬려고 침실로 들어가시는데, 부모님의 모교인 휘튼 대학에서 간호학을 전공하고 싶다고 말씀드렸다. 아버지 표정이 곧바로 엄해지셨다. 전에도 보았던 표정이었다. 차가운 눈빛으로 나를 바라보시더니 "안 돼!"라고 단호하게 말씀하셨다. 그리고 그것이 끝이었다. 몹시 피곤하거나 좌절했을 때 아버지는 명령만 내리시고 더 이상 듣지 않으신다.

물론 지금 말한 일은 지극히 예외적인 경우다. 아버지는 가능한 한 나와 함께 하려고 애쓰셨다. 그리고 아버지가 안 계실 때는 우리를 도와주실 분들이 주위에 많았다. 그 '아저씨들'은 아버지가 안 계실 때 나를 도와주기 위해 하나님이 보내주신 분들이었다는 걸 이제 와서야 깨닫게 되었다. 그들은 아버지의 대리자였을 뿐만 아니라 나의 인격형성기에 하나님께서 보내주신 분들이었다. 하나님은 아버지의 부르심이 무엇인지 알고 계셨다. 아버지의 마음과 가족을 위한 기도도 알고 계셨다. 또한, 아버지가 안 계시는 동안 우리가 주님께서 원하시는 사람으로 자라기 위해서는 아버지가 필요하다는 것도 알고 계셨다.

아버지의 격려와 '아저씨들'의 도움이 있었지만, 장기간 해외 선교여행으로 아버지와 떨어져 지낼 수밖에 없는 현실은 내 마음 속에 빈자리를 만들었다. 열여덟이라는 이른 나이에 결혼을 선택한 것도 아마 그 빈자리를 채워 보려는 시도였는지도 모른다. 아버지는 그렇게 일찍 결혼하는 것을 만류하셨다. 먼저 대학을 마치라고 강하게 말씀하셨다. 결국에는 허락하셨지만 아버지의 말씀을 외면한 채 결혼을 강행했던 내 고집은, 이제 와서 생각해 보니 아버지에게 느꼈던 거리감 때문인 것 같다.

약혼 당시 나는 누군가에게 의미 있는 사람이 되고 싶었다. 나에 대해서, 내 마음과 필요에 대해서 아버지는 알지 못하신다고 생각했다. 그래서 아버지의 논리적인 판단과 설득에 고집을 피우며 저항한 것이다.

어떤 면에서 보면, 거리감이 있었던 아버지와의 관계 때문에 하늘의 아버지이신 하나님도 멀리 떨어져 계신 분으로 생각되었다. 아버지가 그러듯, 하나님 역시 나를 사랑하신다고 생각했다. 하지만 하나님도 '다른 사람의 일'로 바쁘시다. 하나님께서 저 멀리서 나를 사랑하신다는 생각을 바꾸기 위해 여러 해에 걸친 노력이 필요했다. 나는 하나님께 가까이 가는 법을 배워야 했고, 그가 가까이 계시다는 믿음을 배워야했다. 삼십대 때 '하나님과 즐겁게'라는 성경공부 반을 인도하면서 그 두 가지를 배울 수 있었다. 결국 나는, 하나님께서 나를 외면해야 할 정도로 바쁘시지 않고, 나를 위한 시간을 갖고 계시며, 항상 내 가까이에 계시다는 것을 알았다. 무조건적인 아버지의 사랑 역시 깨닫게 되었다. 어렸을 때는 아버지가 오랫동안 집을 비우시고 사역에만 몰두하신다고 생각해서 마음이 언짢았다. 어른이 되고 나서야 아버지가 나를 얼마나 사랑하셨는가를 알게 되었다.

부모님은 가족의 일체감을 유지하기 위해 애쓰셨고, 하나님께서는 우리가 각각 흩어질 수밖에 없는 상황을 잘 헤쳐 나갈 수 있도록 은혜를 주셨다. 하지만 우리 가족은 심각한 도전에 직면하고 있었다. 나는 가족들과 좀 더 살가운 친밀감을 누리고 깊이 있는 의사소통을 하고 싶었다.

하지만 그럴 수 없는 것이 현실이었다. 그것은 아버지가 받은 사명의 대가(代價)였다. 그렇다고 해서 우리를 향한 아버지의 사랑이나 헌신이 줄어드는 것은 아니었다. 하지만 대가는 대가였다.

아버지의 마음을 알다

열여덟 살 때 나는, 결혼하기 위해 학교를 그만두었지만 아버지에게 다시 학교로 돌아갈 것을 약속드렸다. 결혼에 실패한 후, 마흔이 다 되어서야 다시 책을 집어 들었다. 이후 십년 동안 학업을 쉬었다 다시 하기를 반복하면서 마침내 버지니아 주(州) 셰넌도아 밸리의 메리 볼드윈 대학에서 종교와 커뮤니케이션 학사학위를 취득했다. 나는 오십 세에서 반년 모자라는 2000년 5월에 졸업장을 받았다.

부모님은 건강이 좋지 않으셨지만 버지니아까지 오셔서 졸업식에 참석하셨다. 지지 언니도 와 주었다. 아버지는 맑은 오월의 햇빛 아래 단상에서 졸업생을 위해 축복 기도를 해 주셨다. 내 아이들이 마련한 오찬 자리에서 아버지는 엉성하게 포장된 커다란 선물을 주셨다. 아주 소중한 물건인 양 다루시며 내가 풀려고 하자 모두에게 잘 보라고 이야기까지 하셨다. 포장지를 벗겨 보니 유약을 바른, 실제 크기의 도자기 복서 개 한 마리가 나타났다. "네가 부지런한 개처럼 열심히 공부한 기념으로 준다."

어머니 옆에 앉아 계셨던 아버지가 웃으시면서 말씀하셨다. 나는 기뻤다. 여든 한 살의 연로하신 아버지가 이 별난 선물을 손수 사오셨다.

아버지는 몸소 졸업식에 참석하셔서 축하해 주셨고, 축복 기도도 해 주시고 대학 공동체와 나눔의 시간도 가지셨다. 나를 격려해 주실 뿐만 아니라 주위 사람들에게도 손을 내미시고 어루만지셨다. 내 세계에 속한 사람들에게 사랑을 보여주셨다. 그리고 내가 걸어 온 긴 여정을 언급하시면서 내 친구들과 사랑하는 사람들 앞에서 공개적으로 나에 대한 사랑을 표현하셨다.

사실, 아버지를 내 졸업식에 모시기 위한 작업은 일종의 시련이었다. 지지 언니, 아버지의 비서, 그리고 나 사이에서 수많은 전화가 오고간 후에야 아버지의 졸업식 참석이 결정되었다. 그런데 갑자기 건강상의 이유로 아버지의 참석이 어렵게 되었다고 연락이 왔다. 나는 그대로 포기할 수 없었다. 계속 전화했고 겨우 아버지와 직접 통화할 수 있었다. 물론, 누군가를 통해서였다. 나는 아버지와 연락하기 위해 동분서주했고, 혼란과 끈질긴 노력 끝에 아버지의 마음을 볼 수 있었다. 아버지는 중요한 시점에 내 곁에서 자랑스러운 아버지의 역할을 다하시며 나의 성취를 축하해 주시려 애쓰셨다. 그 추억은 나에게 정말 소중하다.

아버지의 사역이 주는 도전, 그에 따른 가족들의 상실과 희생, 아버지가 가까이에 계시지 않아 생긴 외로움과 아픔, 이 모든 것에도 불구하고 나는 그레이엄 가족의 일원으로 풍부하고 흥미로운 삶을 살았다. 훌륭한 사람들 곁에서 성장했고, 일마다 때마다 생각을 자극하는 이야기들을 늘 들을 수 있었다.

나는 아주 어렸을 때부터 외국 여행을 할 수 있었다. 유럽을 여행했고, 외할아버지 외할머니를 따라 일본과 한국에 가기도 했다. 좀 더 커서는 아프리카와 중동을 가 보았다. 어머니가 중국에서 자라셨기 때문에 우리 형제자매들은 어렸을 때부터 다른 문화와 세계관에 노출되었다. 하지만 유명한 목사의 자녀로서 얻은 가장 소중한 것은 아버지의 자녀로서 누린 유익이다. 어려움도 많았지만 아니, 어려운 과정이 있었기 때문에, 지금 그 어느 때보다 아버지가 더 가깝게 느껴진다.

여든이 넘으신 부모님 댁에 가 보면, 두 분을 도우려는 사람들로 넘쳐난다. 아버지는 아직도 독서와 휴식에 많은 시간을 할애하시지만, 나와 단 둘만의 시간도 내주신다. 부모님 댁에 있을 때, 아침 일찍 부엌의 퇴창 옆, 푹신한 의자에 앉아 신문을 보면서 커피를 마시고 있으면 아버지가 보행기에 의지하여 천천히 걸어 나오신다. 나는 일어나 아버지를 껴안고 키스한다. 아버지가 식탁에 앉으시는 동안 연한 커피를 타드린다.

이렇게 아버지와 단둘이 있을 때면, 아버지는 마음 속에 담아두셨던 이야기들을 꺼내신다. 신문기사가 이야깃거리가 되기도 하고 며칠 동안 고심하던 일을 털어놓기도 하신다. 연달아 질문을 드리면 아버지는 그저 침묵하실 때가 많다. 사실 집에서는 종종 침묵으로 일관하실 때가 많다. 아버지는 조용하고 생각이 많으신 분이다. 내가 귀를 기울이기만 한다면, 아버지의 마음을 들을 수 있다. 그것이 내가 가장 바라는 것이다.

집에서 아버지와 함께 (1993년)

제 3 장

겸손

내가 여러 사람에게 여러 모습이 된 것은
아무쪼록 몇 사람이라도 구원하고자 함이니 (고린도전서 9:22)

몇해 전에 아버지는 지지 언니의 친구에게 전화를 하신 적이 있었다. 아버지는 그 친구에게 물으셨다. "안녕하세요. 그레이엄 목사입니다. 혹시 절 기억하는지요?"

나는 이 이야기를 좋아한다. 아버지가 어떤 분인가를 정확히 보여주고 있기 때문이다. 아버지는 자신이 남보다 중요한 사람이라고 결코 생각지 않으신다. 물론 자신이 세상에 미치는 영향력을 모르고 계셨던 것은 아니다. 단지 남들이 다 알아볼 정도로 유명인사라거나 남들보다 뛰어난 사람이라고 생각지 않으셨다. 만약 아버지의 인격 중에서 가장 두드러진 특징을 한 가지만 말하라고 한다면, 나는 겸손이라고 하겠다. 아버지는 내 말에 반대하실 것이 분명하다. 하지만 나는 평생 아버지의 겸손하신 모습을 보아 왔다. 겸손하게 의견을 말씀하시는 아버지에게 항상 감명을 받았다. 예상치도 못한 대단한 일들이 일어났을 때조차도 겸손한 모습을 일관하셨다. 그래서 아

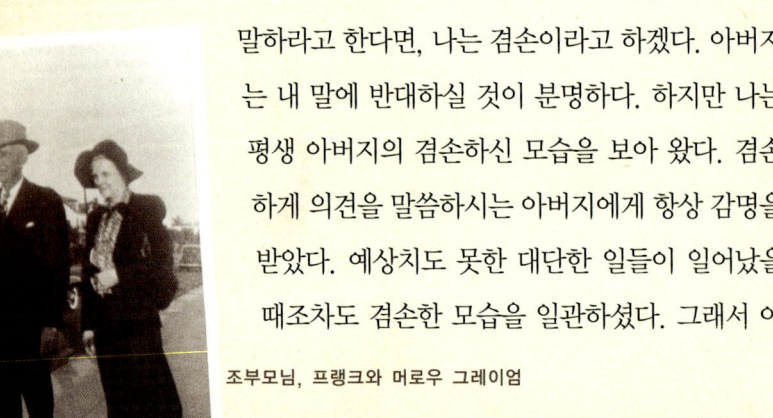

조부모님, 프랭크와 머로우 그레이엄

버지는 정말 겸손하시다.

어렸을 적 우리는 온 가족이 함께 노스캐롤라이나 주(州) 샬롯에 있는 외가댁을 방문하곤 했다. 가는 길에 마리온이라는 조그만 마을이 있는데, 거기에는 깁스 스테이크 식당의 본점이 있었다. 그 식당 앞 우리에는 검은 곰 몇 마리가 있어 명물로 소문이 나 있었다. 그 곳에 들러 식사를 하는 것은 외가댁에 가는 여행 중에 누릴 수 있는 즐거움이었고, 곰을 구경하는 것은 그 여행에서 가장 신나는 일이었다. 물론 우리는 산골에서 야생 동식물들을 가까이 하고 살았다. 하지만 그 식당에서는 곰을 가까이에서 볼 수도 있었고 냄새도 맡을 수 있었다.

한 번은 그 식당에서 식사를 마치고 곰을 보려고 일어서려는데, 누군가 우리 식대를 대신 냈다는 것을 알게 되었다. 아버지는 생각도 못한 일이라고 말씀하셨다. 우리 중 한 명이 "그럴 줄 알았으면 더 비싼 것을 먹었을 걸 그랬네."라고 말하자 아버지는 엄하게 꾸짖으셨다. "그런 말은 하면 안 된다. 감사하게도 우리 식대를 내 주신 것이니 고맙게 생각해야 한다. 세상에는 먹을 것이 없는 사람이 정말 많단다."

그 식당에서 우리를 꾸짖으신 일이 별반 새삼스러울 것도 없다. 아버지는 어떤 일이든 당연한 것으로 여기지 않으셨다. 아버지는 농부의 아들로 자라나셨다. 아버지와 삼촌의 농장에서 새벽 두시 반에 일을 시작해서 하루에 두 번씩 소젖을 짰다. 아버지는 할머니가 밭에 나가 콩을 따시다가 자기를 낳으셨다고 여러 번 말씀하셨다. 근면하고 명예를 존중하는 농부의 아들이 사람 좋은 시골 이웃들과 어울려 보냈던 소년 시절의 렌즈를 통해 아버지는 자신을 보고 계셨다.

아버지는 하나님께서 왜 자기와 같은 농부의 아들을 들어 쓰셔서 그렇게 큰 사역을 하게 하시는지 궁금하다고 여러 번 말씀하셨다. 아버지의 회고록에는 이렇게 기록되어 있다. "천국에 가게 되면 무엇보다도 주님께 여쭈어 보고 싶다. 주님, 왜 저 같은 노스캐롤라이나의 농부의 아들을 선택하셔서 그렇게 많은 사람들에게 설교케 하시고, 놀라운 능력의 동역자들을 보내주셔서 20세기 후반 주님의 사역에 동참케 하셨는지요?"[1]

아버지는 자신의 출신을 결코 잊지 않았다. 자신의 사역이 미치는 영향력의 근원은 오직 주님이 주시는 영향력이라는 걸

나의 자녀들과 함께 낚시질 하시는 아버지와 T 아저씨(1982년)

알고 계셨다. 아버지가 무엇을 잘 했기 때문에 하나님께서 놀라운 사역의 일생을 허락하신 것이 아니라는 것도 알고 계셨다. 또한, 아버지의 가족들도 알고 있었다. 1970년 한 인터뷰에서 할머니는 아들이 전 세계에 끼친 영향력에 대해 다음과 같이 말씀하셨다. "저는 빌리의 능력이라고 생각하지 않습니다. 어린 시절에도 그런 기미는 전혀 보이지 않았어요. 오로지 주님께서 빌리를 부르시고 능력을 주셔서 이 시대에 사용하고 계시다고 생각합니다.…… 진정 하나님의 선물이라고 믿습니다. 그 외에 다른 것은 생각할 수 없습니다."

아버지의 겸손은 소소한 일상들에서 잘 드러난다. 사람들과 어울릴 때, 먼저 자신을 소개해서 상대방을 편하게 해 주신다. 계층에 상관없이 사람들과 대화를 나누고 그들이 아버지와 동등한 입장임을 느끼게 하신다. 외모에 신경 쓰지 않으신다. 옷장에서 잡히는 대로 입고, 대개는 닳아서 색이 바랜 진 셔츠와 벨벳 스웨터에 빨간 양말을 받쳐 신으신다.

아버지는 예의를 중시하셨다. 평생 여성을 위하여 문을 열어 주셨고 다른 사람이 들어오면 꼭 서서 맞아주셨다. 나이가 드셔서 몸이 불편하게 되신 지금은 예의의 책임을 다 하지 못하는 결례에 대해 사과하신다. 아버지에게 예의의 '책임'은 사랑을 진실하게 표현하는 의무와 다를 바가 없다. 아버지는 사람들이 존중받는 느낌을 갖길 원하셨다.

약함을 통한 겸손

아버지는 늘 육체적 고통을 알고 계셨다. 사역을 감당하는 수십 년 동안 아버지의 몸은 엄청난 스트레스를 감당했다. 회고록에 이렇게 쓰여 있다.

"사람이 할 수 있는 일 가운데 가장 고된 일은 복음전도 설교라는 말을 의료 선교사로부터 들은 적이 있다. 그 말이 옳은지 그른지는 모르겠다. 다만 내가 아는 것은 복음전도 설교는 육체적으로, 감정적으로 엄청나게 힘들다는 것이다. 청중을 하나님께로 돌아오게 하려고 전력을 다해야 하기 때문이다. 또 다른 이유는, 영원한 결과를 초래할 중대한 문제에 관하여 이야기한다는 깊은 책임감이다. 말씀을 제대로 전하고 있는지, 무슨 잘못된 말을 하는 것은 아닌지 늘 두려웠다.…… 게다가 설교는 악의 세력에 대항하는 영적 싸움이다."[2]

전 세계를 누비며 말씀을 전하시고 집회를 인도하시는 동안, 아버지는 갖가지 병, 열, 급격한 체중감소, 체력의 고갈로 고생하셨다. 아버지가 전도 여행을 마치고 귀국한 뒤 제일 먼저 들르는 곳이 메이요 병원이었다. 집에 돌아오신 후에도 건강을 회복하시는 데 시간이 필요했다. 아버지는 우리에게 병세를 자세하게 말씀해 주시면서 기도를 부탁하셨다. 우리는 아버지가 너무 예민하다고 농담하기도 했다.

어머니는 자신의 책, 『내 차례 *It's My Turn*』에서 가족끼리 부르는 아버지의 별명이 '퍼들그럼'(C. S. 루이스의 어린이 책 『은 의자 *The Silver Chair*』에 나오는 사람)이라고 밝히셨다. 퍼들그럼은 만사에 비관적인 면만 주목을 하는데, 가족들은 아버지가 자신의 건강에 대해서 심각하게 생각하는 태도를 농담 삼아 퍼들그럼이라고 불렀다.

가족들이 농담으로 뭐라 하던 간에, 아버지의 건강은 좋지 않았고 병도 앓으셨다. 집에서 염소가 언덕 내리막길에서 아버지를 들이받아 무릎 인대가 끊어진 일도 있었다. 심지어 독거미에게 물리신 적도 있다. 며칠 동안 아버지는 붉은 반점이 생기고 부어오른다고 하셨지만, 어머니는 별것 아니라고 넘기셨다. 나중에 메이요 병원에 가셔서야 그것이 치명적인 독을 가진 독거미였다는 것을 알았다.

아버지는 폐렴, 신장 결석, 전립선 암, 혈전성 정맥염, 폐의 세균감염, 뇌수종 등의 병을 앓으셨다. 뇌수종은 파킨슨병과 닮

아서 몸이 떨리고 균형을 잡기가 어려웠다. 하지만 어렸을 때, 부모님이 건강 때문에 스트레스를 받는다는 느낌을 받은 적은 거의 없었다. 어려서 잘 모르기도 했지만, 어머니가 아버지의 건강 때문에 불안한 모습을 보이신 적이 없으셨기 때문이다. 그런 모습을 보고 자란 나도 아버지의 건강 문제를 대수롭지 않게 생각하고 있었다. 하지만 아버지가 수술을 받으신 후 크게 놀란 적이 있었다. T 아저씨가 내가 다니던 기숙학교 교장 선생님께 아버지가 수술로 피를 너무 많이 흘리셨다고 말씀하시는 것을 곁에서 듣고 갑자기 무서운 생각이 들었다. 그때 처음으로 아버지도 돌아가실 수 있다는 생각이 들었다.

아버지는 주님께서 병으로 아버지를 낮추시고 주님만 의지하게 하신다고 여러 번 말씀하셨다. 육체의 연약함 때문에 하나님께서 아버지를 통해 행하신 일을 아버지 자신이 행하신 것처럼 착각할 수 없었다고 말씀하셨다. 그 일은 하나님께서 하신 것이다. 따라서 영광도 하나님께만 올려 드려야 한다. 자신은 하나의 도구에 불과하다는 것을 아버지는 알고 계셨다. 심신의 약함이 항상 그것을 일깨워 주었다. 원래 6주로 예정되었다가 무려 16주간이나 계속된 1957년 뉴욕 집회에서 힘들게 설교했던 경험에 대해 이렇게 말씀하셨다.

"나는 이제 말할 것이 하나도 없었다. 설교 자료는 동이 났고, 체력은 소진되었으며, 내 정신력도 바닥이 났다. 그런데도 설교는 훨씬 강력했다. 내가 길을 내어 드리고 하나님께서 하셔야 한다고 말씀드렸을 때, 하나님께서 나의 약함을 온전히 받으신 것이다. 나는 며칠 밤을 아무 할 말도 없이 강단 위에 앉아 있었

메디슨 스퀘어 가든에서 설교하시는 아버지 (1957년)

다. 앉아만 있었다. 몇 분 후에는 일어나 설교해야 한다는 것을 알고 있었지만, '하나님, 저는 못 합니다'라고 말하고 있었다. 하지만 나는 일어섰고 갑자기 설교를 시작할 수 있었다.…… 그것은 하나님이 주시는 설교였다."[3]

하나님만을 붙잡다

아버지를 생각할 때 놀라게 되는 부분인 동시에 사역이 그토록 성공할 수 있었던 관건은, 바로 실제로 일하시는 분이 하나님이시라는 아버지의 확고한 자각이다. 물론 아버지는 그 누구보다도 부지런히 일하셨다. 전력을 다해 사역에 매진하셨다. 아버지는 1957년 뉴욕 집회 때 너무나 전력투구하신 탓에 손상된 건강을 다시는 회복하지 못하셨다. 16주간 설교에 쏟아 낸 것도 원래대로 채우지 못했다고 말씀하셨다. 아버지는 소명을 위해 모든 것을 바쳤지만, 사역의 진정한 성공, 즉 사람들의 생활이 변화되는 것은 하나님께로부터 온다는 것을 항상 인식하고 계셨다.

1973년 조지아 주(州) 애틀랜타에서 열린 부흥회에서 한 남자가 아버지에게 다가와 아버지와 아버지의 업적에 대해 열변을 토했다. 마침, 그때 나는 아버지 옆에 서 있었다. 아버지는 "성령님께서 역사하시는 자리에 마침 있었을 뿐입니다."라고 부드럽게 받아주셨다.

침을 튀기며 칭찬하는 그 남자에게 아버지는 부끄러운 척 하지 않으셨다. 겸손하게 보이려고 애쓰지도 않으셨다. 아버지는 진심으로 사역의 영광을 하나님께 돌려 드렸다. 아버지는 하나님께서 자기의 영광을 남과 나누려 하지 않으신다는 것을 (이사야 42 : 8) 잘 알고 있었다. 뿐만 아니라, 하나님의 역사가 절대적으로 필요하다는 것도 알고 계셨다. 건강도 좋지 않고 사역을 감당할 만한 충분한 에너지가 부족하기 때문이 아니라, 사람은 다른 사람의 마음을 변화시킬 만한 힘을 가지고 있지 못하기 때문이다. 사람의 마음은 하나님의 영역이다. 하나님께서 사람의 마음을 만드셨다. 사람은 사람일 뿐이다.

아버지는 회고록에서 이렇게 말씀하신다. "나는 내가 절대적으로 무력하며, 성령님만이 그리스도를 모르는 자들의 마음을 뚫고 들어가실 수 있다는 것을 항상 절실히 의식하고 있다. 내가 말씀을 전할 때, 청중에게 말씀하시는 또 하나의 목소리가 있다는 것을 안다. 바로 성령님의 목소리이다. 항상 씨 뿌리는 자의 비유를 명심하는데, 나는 씨를 뿌리는 자일뿐이다. 하나님, 오직 하나님 한 분만이 씨가 열매 맺도록 하실 수 있다."[4]

나는 이 말 속에 아버지를 이끄는 근원적인 진리가 있다고 생각한다. 즉, 사역 가운데 아버지가 맡은 역할은 성경 말씀을 전하는 것이며, 청중의 '마음을 뚫고 들어가는' 것은 하나님의 몫이라는 것을 알고 계셨다. 그 차이를 알기에 아버지는 자신의 작은 역할을 감당할 때도 하나님의 도움이 절실히 필요하다는 것을 아셨다. 그래서 겸손하게 하나님만을 의지하셨다.

강단에서는, 설교할 수 있는 힘을 얻기 위해, 하나님의 역사하심으로 말씀을 전하기 위해, 청중들의 마음을 열기 위해 하나님께만 의지하셨다. 강단 밖에서는, 거대한 사역 조직의 사소한 갈등들, 그리고 살아가면서 또 사역하면서 겪게 되는 온갖 일들의 해답을 얻고자 하나님께 의지하셨다. 아버지는 전적으로 하나님께 의존하는 삶을 사셨다.

나는 아주 어렸을 때부터 아버지가 실생활에서 하나님을 의지하며 사시는 모습을 보며 자랐다. 아니, 보지 않을 수가 없었다. 평소 말씀하시는 것부터 나의 아주 작은 관심사에 주시는 충고까지 하나님을 의지하는 것이 유일한 삶의 방법이라고 가르쳐 주셨다.

우리들에게 보내는 편지에는 꼭 이 말이 있다. "사도 바울은 '내게 능력 주시는 자 안에서 내가 모든 것을 할 수 있다'고 말씀하셨다. 너희 공부도 마찬가지이다. 열심히 공부하고 나머지는 주님께 맡기면 주님께서 너희들을 도와주실 것이다." 나중에 사역을 할 때도 아버지는 열심히 일하고 주님께 맡기라는 같은 충고를 해 주셨다. "복음을 전할 때, 네가 믿음을 가지고 충성하면 성령님께서 네가 할 수 없는 방법으로 전파하여 주신다."

하나님 앞에서 진정으로 겸손하셨던 아버지의 모습과 무슨 일이든지 주님을 의지하려는 아버지의 결단을 생각해 볼 때, 때마다 일마다 아버지가 주시는 충고는 바로 아버지의 마음이었다. 또한, 그것은 우리들을 양육하실 때 아버지 자신이 충실히 지켰던 원칙이기도 했다. 바로 최선을 다하고 하나님 손에 맡긴다는 것. 아버지는 그 원칙을 어릴 때부터 내게 가르쳐 주셨다.

네 할 일을 하라, 그러면 하나님은 그 분만이 하실 일을 하신다. 열심히 일하고 나머지는 하나님께 맡겨라. 믿음을 가져라. 그러면 성령님께서 너를 도우신다. 예수님과 먼저 결혼하여, 그분으로부터 너의 필요를 채워라.

기도를 통하여 하나님을 의지하다

얼마 전 아버지 침실에서 아버지와 함께 앉아 있을 때였다. 아버지는 아침을 드시면서 나와 내 손자를 상대로 말씀하고 계셨다. 내 머릿속엔 전날 저녁 식사 후에 아버지가 하신 말씀만이 맴돌고 있었다. 그때 나는 내 인생의 기회를 잡는데 도움이 될 만한 지혜를 얻으려고 질문을 했다. 사실은 얼마 전부터 아버지와 이야기할 기회만을 찾고 있었던 것이다.

　아버지는 1955년과 1980년에 옥스퍼드와 캠브리지 대학에서 가진 학생들과의 질의응답이 얼마나 즐거웠는지 회상하시면서 말문을 여셨다. 미국 뉴잉글랜드 지방의 아이비리그 명문 대학에서도 1982년에 비슷한 행사를 가진 적이 있으셨다.

　나는 학생들의 높은 지적 능력을 언급하면서, "걱정되진 않으셨나요?"라고 물었다. "전혀."라고 대답하셨다.

　다양한 생각을 가진 청중을 상대해야 하고 엄청난 집중력을 필요로 하는 학생들과의 질의응답 준비를 어떻게 하셨는지 여쭤 보았다. 아버지는 "기도했지."라고 한 마디로 대답하셨다.

　다음 날 아침, 나는 아버지가 아침을 드시는 침실에 앉아 전날의 대화를 더 깊이 나누고 싶었다. 아버지가 어린 증손자에게 방에 있는 물건을 갖고 놀라고 하신 후에야, 나는 전날의 화제를 다시 꺼낼 수가 있었다.

사실, 어떤 대답이 나올지 어느 정도 예상은 했지만, 아버지의 생각을 더 깊이 알고 싶어서 물어 보았다.

"아버지는 자신이 사역에 맞지 않는다는 생각을 해 보신 적은 없으세요?"

"항상 그런 생각을 갖고 있었단다."라고 대답하셨다.

"학생들과의 질의응답 준비를 위해 기도하셨다고 말씀하셨는데, 어떻게 기도하셨어요?"라고 물었다.

아버지는 성령님께 도와달라고 기도하면서 사역을 준비했다고 말씀하셨다. 당면한 모든 일에 도움을 구했다. 어떤 때는

그저 "도와주소서."라는 기도만 할 뿐이었다. 몬트릿 집에 돌아와 부흥집회 준비를 할 때면 언제나, 특히 1954년 런던 집회와 1957년의 뉴욕 집회 전에는 집 근처 산 속 오두막, 채프만 홈의 베란다 흔들의자에 앉아 몇 시간씩 기도하셨다고 말씀하셨다.

아버지가 홀로 기도하는 모습을 본 적은 없다. 하지만 많이 기도하신 것은 알고 있었다. 기도는 일상에서 나누는 대화의 일부였다. 아버지는 주님께 상의하지 않고 중요한 결정을 내린 적이 한 번도 없었다. 기도에 대한 설교도, 기도부탁도 많이 하셨다. 같이 기도하자고 요청하신 적도 많았다. "이 문제에 관하여 기도하자."라고 말씀하시곤 했다. 혹은, "그 문제에 관하여 기도해 보았니?" 또는 "아버지 사역 팀을 위하여 기도하렴. 다음 성회를 위하여 기도해 주겠니? 내가 힘내도록 기도해 주려무나." 라고 부탁하셨다. 집에 계실 때에는 가족 기도를 인도하셨다. 매일 아침저녁으로 가정 예배를 드렸다. 아버지가 기도를 인도하시면 우리는 무릎을 꿇고 기도했다.

아버지와 함께 드린 많은 기도 가운데 특히 기억에 남는 기도가 있다. 내가 플로리다의 기숙학교를 이 년째 다니고 있을 때, 부모님은 나를 뉴욕의 학교로 전학시키고 싶어 하셨다. 플로리다에 친구들이 많았던 나는 다른 학교에서 처음부터 다시 시작하고 싶지 않았다. 아버지는 어머니와 나를 불러 학교 문제에 관하여 하나님의 인도하심을 받기 위해 셋이 함께 기도하자고 말씀하셨다. 우리는 아버지 침대 옆에 무릎을 꿇었고, 아버지가 기도를 인도하셨다. 곧, 부모님 뜻에 따라야겠다는 생각이 분명해졌다. 나는 그 기도를 통해 내게 변화가 필요하다는 것을 확실히 깨닫게 되었다. 그리고 주님께 맡긴다는 것은 부모님께 맡긴다는 뜻이라는 걸 알았다.

지금 생각해 보면, 아버지는 결정을 내리기 전에 부모님과 함께 기도하도록 나를 불러 주셔서 겸허한 마음이 무엇인지 가르쳐 주고 싶어 하셨다. 하나님의 인도하심을 얻고자, 또 그 인도하심을 따르고자 기도하기를 동의했을 때, 나는 "내 원대로 마시옵고 아버지의 원대로 되기를 원하나이다"(눅 22 : 42)라고 기도하신 예수님의 겸허한 자세를 배우고 있었기 때문이다.

그날 나는 기도를 마치고 일어서면서, 슬프기는 하였지만, 뉴욕으로 가는 것에 동의했다.

배우는 자의 자세

아버지는 항상 자신을 발전시키고자 하는 욕구가 강렬했다. 언제나 뉴스를 보고, 다양한 주제의 책을 읽고, 다른 사람들로부터 지혜를 흡수했다. 호기심이 왕성했고 끊임없이 질문을 던졌다. 성장의 필요성을 늘 염두에 두면서 배우는 자의 자세를 견지했다. 그것은 겸손의 태도이기도 했다.

80대 후반이신데도, 매일 몇 시간씩 책을 읽으신다. 사실, 아버지 방의 벽은 책선반이 줄지어 있다. 「샬롯 옵저버」, 「애쉬빌 시티즌 타임스」, 「뉴욕 타임스」, 「타임스 오브 런던」 외에도 여러 잡지들과 신문을 구독해 보신다. 설교를 준비하셨을 때는 집회 일정에 맞게 간행물을 구독해 보셨다. 예를 들어, 6월 하순에 열릴 뉴욕 집회를 앞둔 2005년 초에는 뉴욕 신문들을 추가로 보셨다. 공책에 기록을 한다든가 형광펜으로 줄을 그어 가며 읽지는 않으신다. 그저 볼펜으로 책이나 성경 한 켠에 메모를 하실 뿐이다. 내가 가지고 있는 성경에는 여백에 설교 메모가, 겉표지 안쪽에 설교 구성이 적혀 있다.

나는 독서를 좋아하시는 아버지를 위해 크리스마스 때마다 책을 선물한다. 일 년 전에는, 조지 워싱턴의 전기를 드렸는데 저녁 식사 때 여러 번 말씀하셨다. 9·11 사태 이후에는 이슬람과 이슬람 역사에 대해 많은 책을 읽으셨고 내가 방문했을 때 여러 번 이야기를 꺼내셨다. 흥미로운 주제로 이야기를 나눌 때면 특히 기운이 넘치신다.

아버지는 배우는 것을 좋아하셨다. 결정을 내리기 전에는 먼저 지식 기반을 넓히기에 힘쓰셨다. 그래서 친숙하고 사교적이며 복음적인 환경이었던 플로리다 기숙학교에 다니던 나를 적응하기가 적잖이 힘들었던 뉴욕 기숙사 학교로 전학시키셨다. 나는 그곳에서 나와는 전혀 딴판인 사람들을 만나면서 세상을 배우게 되었다. 그것이 바로 부모님이 원하던 것이었다. 부모님은 시야와 지식의 폭이 지속적으로 넓어져야 한다고 생각하셨다. 물론 당신들도 계속 노력하시면서 말이다.

복음을 위해 배우다

배우고자 하는 아버지의 열망은, 늘 그렇듯이, 궁극적으로 하나님과 사역에 최선을 다하려는 욕구에서 출발한다. 물론, 천성적으로 호기심이 강하기도 했지만, 복음을 더 잘 전하기 위해 배우고자 애쓰셨다. 사회와 세계의 문제들을 더 깊이 이해하기 위해 다양한 사람들, 신앙이 다른 사람들, 문화적 배경이나 신학적 견해가 다른 사람들과 폭넓은 교제를 추구하셨다. 절대 복음을 타협하지는 않으신다. 하지만 자신의 생각만을 고집하지도 않고, 열린 마음과 듣고자 하는 열정으로 대화에 임하신다.

아버지는, 미국의 유대교 지도자인 랍비 마르크 타넨바움(Rabbi Marc Tanenbaum)부터 스위스-독일 신학자인 칼 바르트(Karl Barth)에 이르기까지 많은 리더와 사상가들과 폭넓은 교류를 하셨다. 1960년 여름, 아버지가 바르트 박사와 만났던 일이 기억난다. 아버지가 유럽에서 집회를 하셨을 때 우리 가족은 스위스의 집 한 채를 빌려 지냈다. 그때 바르트 박사가 우리 가족을 초대했다. 아홉 살이었던 나는 바르트 박사의 손자들과 함께 기도했고 아버지는 박사님과 함께 언덕을 오르셨다.

스위스에서 온 가족이 함께 (1960년 여름)

아버지의 제안으로 1960년대부터 시작된 세계 전도 대회(World Congresses on Evangelism)는 배우고 성장하고자 하는 아버지의 결단이 만들어낸 자연스러운 부산물이기도 하다. 아버지는 복음이 전파되고 있는 지구촌 곳곳에서 어떤 일들이 일어나는지 알고 싶어 하셨다. 복음화 대회를 통해 복음 전파를 지원하고 도울 길을 찾으려 하셨다. 원래는 전 세계의 교회들을 복음전파의 부르심 아래 규합하는 비전으로 시작하셨다. 그러나 아버지는 배우는 자로 참석하고 연설하셨다.

1974년 스위스 로잔에서에서 열린 두 번째 세계 대회에 참가했을 때, 열심히 공부하시는 아버지의 모습을 보면서 나도 토론 주제들을 이해할 수 있도록 미리 대회 연설문들을 읽었다. 이 대회가 아버지에게 중요하다는 것을 알았기 때문에 미약하나마 힘을 보태고자 그 내용을 이해하려 했다. 사실, 나는 이 대회에서 나의 한계를 넘어 다른 사람들에게 손을 내밀고 하나님을 섬겨야겠다는 자극을 처음으로 받았다. 물론 그런 욕구가 한 순간에 채워지는 것은 아니었다. 하지만 과거의 경험으로부터 가능한 한 많은 것을 배우고 더 잘 무장되어 하나님의 말씀을 나누어야겠다는 결단을 하게 되었다. 이런 열정은 대부분 아버지를 보며 얻게 된 것이다.

사역을 하시는 내내 아버지는 특히, 젊은 사람들, 세계의 미래 지도자들의 생각과 마음을 이해하려고 애쓰셨다. 그들에게 적절한 방식으로 복음을 전하기 위해서였다. 거대한 불안 가운데 태어난 '1960년대 세대의 뿌리 없이 흔들림'에 대해 마음에 큰 부담을 안고 계셨다. 나를 비롯해 그 시기에 태어난 이들을 위해 『예수 세대 Jesus Generation』라는 책도 쓰셨다.[5]

1994년 조지아 주(州) 애틀란타에서 열린 집회에서 젊은이들과 소통하시려는 아버지의 노력은 그 진가를 발휘했다. '돔에서의 즉흥 연주(Jammin' in the Domo)'라는 이름이 붙여진, 젊은이들을 위한 토요일 저녁 집회가 시작되면서 강렬한 크리스천 록 음악이 진동을 했다. 몇몇 나이 드신 분들은 소리가 너무 커서 예배드리는 데 방해가 된다고 불평을 터뜨렸다. 불쾌한 표정이 역력했다. 하지만 그 밤은 젊은이들의 밤이었고 모인 대다수가 젊은이들이었다.

크리스천 록 음악 연주가 끝나자 CCM 가수, 마이클 W.

스미스(Michael W. Smith)가 무대에 서서 부드러운 노래로 청중들을 진정시켰다. 조용해진, 어두운 체육관에서 아버지가 강단을 가로질러 걸어와 바닥에 양반다리를 하고 앉으셨다.

순간, 정적이 흐르고 모든 것이 정지했다. 청중석에서 내려와 강단 앞에 서 있던 젊은이들에게 당시 일흔 다섯의 아버지는 말씀하셨다. 그들과 얼굴을 마주보며, 열정이 끓어오르는 설교자가 아니라 사랑이 넘치는 오랫동안 기다려 주는 할아버지의 모습으로 나지막하게 그들이 당면하고 있는 문제들을 언급하시면서, 요한복음 3장 16절 "하나님이 세상을 이처럼 사랑하사……"에서 인생의 의미를 찾으라고 말씀하셨다. 빽빽이 들어찬 집회장은 바늘 하나 떨어져도 들릴 만큼 고요했다. 아버지께서 음악을 통해 문화적으로 젊은이들에게 다가가신 것뿐만 아니라, 그들의 수준에 기꺼이 맞추려 하신 것, 이해하고, 귀 기울이고, 배우려고 하신 것에 나는 큰 감명을 받았다. 그의 사랑과 겸손이 젊은 청중들을 가까이 품을 수 있었다.

세계를 배우는 학생

좀 더 넓게 보자면, 아버지는 전 세계 다양한 배경의 사람들에게 말씀을 전하시는 사역에도 변함없이 '배우는 자의 자세'를 유지하셨다. 이런 면에서, 아버지의 겸손함은 대중 복음 전도 사역의 가장 중심부에서 정보통(情報通) 역할을 했다.

예를 들어, 집회를 준비하실 때, 청중들의 문화를 이해하기 위해 연구하고 전문가들과 의논하셨다. 그들의 사고방식, 세계관, 믿음을 표현하는 방식, 복음에 방해가 되는 문화 요인들, 복음 전파에 용이한 문화요인들 등. 마찬가지로, 미국의 젊은이들을 위한 집회 때는 그들의 자리에서 만나고자 하셨다. 직접 그들에게 가까이 다가갈 뿐만 아니라 할 수 있는 한 여러 방면으로 그들에게 다가가셨다. 자신을 낮추어 그들의 방법과 언어에 맞추셨다. 아버지에게는 그들이 이해할 수 있고 받아들일 수 있는 방법으로 그리스도의 복음을 전하려는 불타는 갈망이 있으셨다.

나는 메리 볼드윈 대학에서 학사 학위를 취득하는 동안 아버지의 비교문화 의사소통 접근법에 대해 연구할 기회가 있었다. 종교와 커뮤니케이션을 전공하면서, 1988년 두 주 반에 걸친 아버지의 중국 전도여행을 주제로 논문을 썼다. 중국 문화의 배경 속에서 복음, 특히 하나님, 신, 구원의 성경적 개념들을 어떻게 설명하는지 연구했다.

그 경험을 통해 새로운 눈을 떴다고 말한다면, 사실 그 절반도 표현하지 못한 것이다. 처음에는 쉬울 것이라 생각했는데, 자료들을 분석하면서 내 마음에 불이 이는 것 같았다. 그 사역에 대해서도 그랬지만, 아버지가 가신 곳이 어머니가 유년기를 보내셨던 중국이었기 때문이다.

나는 일평생 어머니와 외조부모님으로부터 중국 사람들의 이야기를 들었다. 어머니의 기호나 세계관은 중국 문화의 영향을 받았다. 중국은 어머니의 일부였고 어머니는 중국의 일부였다. 아버지가 어머니의 모국이나 다름없는 중국을 처음으로 방문한 것은 우리 집안으로서도 큰 의미를 지니는 것이었다.

1988년 중국 전도여행에 대해 수없이 들어왔고, 준비과정을 알았기 때문에 - 적어도 나는 알았다고 생각했다. - 학사학위 논문을 쓰는 것은 별 어려움이 없으리라 생각했다. 그러나 그

중국 만리장성에서 (1988년)

것은 오판(誤判)이었다. 사역에 임하시는 아버지의 태도를 자세히 들여다보면 볼수록 예상 밖의 일들이 많았다. 아버지를 개인적으로 아는 것과 역사적으로 중대한 사역을 감당한 사람으로 연구하는 것은 완전히 별개의 일이었다.

중국에서 보여준 겸손

중국 문화는 미국인 기독교 복음 전도자가 '건너기'에는 참으로 험난한 다리이다. 일반적으로 외세의 사상 및 외세라고 여겨지는 종교적 믿음을 배척하는 풍습 외에도, 복음과 연결할 수 있는 개념들이 그들의 문화 속에 거의 없었다. 아버지는 전도 여행을 준비하면서 기독교의 복음을 전달할 수 있는 단어들부터 찾아야 했다. 중국 각 분야의 전문가들로 구성된 팀을 만들고 개인적으로도 엄청난 양의 독서와 연구를 강행했다. 이 준비 과정에 깊이 관여했던 어머니는 아버지에게 미묘한 문화적 차이들을 설명해 주셨다. 아버지는 중국 문화에서 부족한 요소를 찾고 그것과 기독교 복음의 교차점을 찾느라 고심하셨다. 결국, 그리스도인의 삶에서 자연스럽게 우러나오는 평화, 영적 갈증, 애국심 등을 강조하고 개인적인 신앙고백에 초점을 맞추기로 했다.

중국의 주요 종교에서는 사랑이 많으시고 인격이신 하나님에 대한 개념이 전혀 없었다. 그래서 "하나님은 계시는가? 계시다면 어떻게 알 수 있는가?"라는 질문으로 설교를 만들었다. 또한, 원죄에 대한 서양적 이해가 전혀 없는 문화권이기 때문에 하나님이 필요한 이유를 청중들이 깨달을 수 있는 방법을 찾아야만 했다. 아버지는 중국의 문화가 관계 중심이라는 점에 착안하여 죄를 하나님과의 관계단절로 강조했고, 구원을 그 관계의 회복으로 설명했다.

일상의 경험들 – 농사, 집안 잔치, 의무 면제 –에서 뽑아낸 다양한 예들이 가득했고, 공자, 아인슈타인, 파스칼, 도스토예프스키, 성경에서 가져온 인용들이 풍부했다. 또한 개인적인 신앙의 여정도 세세하게 나누었다. 아버지는 청중들과 공감대를 만들기 위해 시골에서 자란 이야기도 했다. "저는 미국 남부 지역에서 태어나 자랐습니다. 어린 시절의 대부분은 부모님의 조그만 농장에서 보냈습니다. 그런데 어느 날, 제게 뭔가 문제가 있다는 것을 어렴풋이 깨닫게 되었습니다.…… 내 마음 속에 그 무엇으로도 채울 수 없는 공허함이 있었습니다. 인생의 의미와 목적을 알고 싶은 갈망이 있었습니다. 그때 저는 그리스도를 개인적으로 영접하게 되었습니다."[6]

논문을 준비하면서 아버지 사역을 살펴보니, 아버지가 겸손함으로 중국 문화에 접근하셨기 때문에 중국 사역에서 성공하셨다는 것을 알 수 있었다. 아버지는 질문을 던지고 공통 관심사를 강조하셨다. 중국 사람들을 존중하셨고 그들에게 배우고자 하는 진실한 갈망을 보여주셨다. 어디를 가든 중국 역사와 문화에 대해 호의적인 태도를 보여주셨다.

중국 리펑 총리와 함께 계신 아버지와 어머니 (1988년)

무엇보다도, 유연한 사고와 예리한 감각, 열정적인 관심이 있었기에 복음을 서양의 사상이 아니라 전 세계를 구원할 소식으로 전달할 수 있었다. 아버지는 자신이 전도 여행을 마치고 중국을 떠나더라도 중국인들 스스로가 받아들일 수 있는 복음을 전하셨다.

가장 훌륭한 본을 보여 주다

아버지의 중국전도 여행을 세세하게 연구하면서, 아버지의 사역을 바라보는 나의 시각은 달라졌다. 이제 내 시야를 가렸던 커튼이 완전히 걷히면서 그림 전체가 보이기 시작한 것이다. 중국과 관련된 모든 것을 결집시킨 아버지의 창의성과 혁신, 그 일을 추진한 에너지와 감각, 말, 행동, 태도에 내재되어 있는 사랑. 물론, 이 모든 것들은 특별하고 헌신된 팀의 도움이 있었기에 할 수 있었다. 그들의 도움 덕분에 아버지는 중국인들과 자연스럽고 진실하게 이야기를 나누며 복음을 전달하면서도 법이나 도덕의 선을 넘지 않을 수 있었다.

수많은 작업을 동시에 진행시키면서 청중들의 마음을 두드릴 수 있는 아버지의 능력은 아버지가 살아오신 방식에 기인한다. 항상 그랬지만, 중국에서도 아버지는 열심히 일하는 동시에 모든 것을 주님께 맡겨야 했다. 말 한 마디부터, 고위 관리와의 접촉, 사역을 위한 정부의 허락에 이르기까지 모든 것을 하나님께 의지해야 했다. 중국의 그리스도인에게 피해가 갈 수 있는 말은 피하도록 극도로 조심해야 했다. 이런 상황 속에서 하나님을 신뢰하는 법을 알지 못했다면, 그 압박감에 무너질 수도 있었다. 나는 이 중국 여행을 통해 하나님 앞에서 겸손한 아버지의 모습을 가장 잘 보았다.

중국 여행은 전 세계 모든 대륙을 다니셨던 아버지의 수많은 전도 여행 중의 하나이다. 육십 여년이 넘는 사역 가운데 겨우 두 주 반을 연구했을 뿐이다! 논문을 쓰면서 이 사역이 얼마나 큰 것이었는지, 또 이 사역이 우리 부모님의 손을 떠나, 우리 가족의 품을 떠나, 빌리 그레이엄 전도 협회를 떠나, 내가 경험했던 전도 여행을 떠나 얼마나 거대해졌는지 깨닫게 되었다. 사역의 거대함과 그 사역을 이끌도록 아버지를 선택하신 하나님의 주권에 그저 놀랄 따름이다. 그 사역은 아버지의 것이 아니었다. 하나님께서 아버지를 통해 성취하신 것이다.

그것을 깨닫게 되니, 나는 아버지와 아버지의 희생을 더욱 감사하게 되었다. 아버지의 사역 때문에 어쩔 수 없이 감당해야 했던 나의 희생은, 노스캐롤라이나 촌부의 아들을 통해 전 세계를 어루만지신 하나님의 계획에 비하면 너무나 보잘 것 없었다. 아버지의 자식으로 태어난 것이 감사하고, 아버지가 자랑스럽다. 이제 남은 나의 반생을 하나님의 계획과 목적에 순종하면서 살 수 있게 해달라고 기도할 뿐이다. 나의 인생길과 목적은 분명 아버지와는 다르다. 그러나 아버지의 삶을 보면서 나는 알았다. 부르심이 무엇이든 간에, 하나님을 신뢰하고 의지하는 것만이 나를 둘러싼 세계에 그리스도의 영향력을 미치는 유일한 길이라는 것을.

대한민국 서울 여의도 광장에서 백만 명이 넘는 청중 앞에서 설교하시는 아버지 (1973년)

제 4 장

은혜

우리가 다 그의 충만한 데서 받으니 은혜 위에 은혜러라
(요한복음 1:16)

나는 부엌 문가에 서서 부모님을 바라보았다. 창문 앞, 푹신한 팔걸이의자에 앉은 채 두 분은 커피를 드시고 계셨다. 커다란 벽난로에서는 불이 타고 있었다. 창밖으로는 계곡이 보였다. 나무들은 가지만 앙상하게 남았고 멀리 산들이 솟아 있었다. 때는 2월이었다.

"읽어드릴 게 있어요." 나는 말했다.

내가 부모님 집에 온 지도 두 주가 지났다. 나는 열다섯 살짜리 딸과 귀중품만을 실은 채 몬트릿으로 차를 몰았다.(딸은 다시 기숙학교로 돌아갔다) 나는 플로리다의 집에서 서둘러 나올 수밖에 없었다. 결혼 생활은 파탄이 났고 신변의 안전을 걱정해야 할 지경이었다. 무엇보다도 반대를 무릅쓰고 결혼을 고집했던 실수 때문에 창피해서 어쩔 줄을 몰랐다. 첫 번째 결혼이 이혼으로 종지부를 찍은 지 몇 년이 되지 않아 나는 다시 결혼을 하려고 했다. 가족들은 그렇게 빨리 다시 결혼하는 것에 우려를 나타냈지만 나는 들으려 하지 않았다. 완강하고 고집스럽게 내가 옳다고 여겼다. 이제 와서야 망연자실한 채 내 판단이 얼마나 잘못되었나를 두 눈으로 똑똑히 보게 되었다. 재혼생활은 단 몇 주만에 끝났다.

"여기 편지가 있어요."라고 말씀드리는 내 손에는 몇 장의 종이가 들려 있었다. 나는 이 곳 몬트릿에 머무는 동안 안정을 찾으면서 남편에게 보낼 편지를 썼다. 하지만 부모님의 의견을 먼저 듣고 싶었기 때문에 그 편지를 읽어드리고 싶었다. 이제 나는 부모님을 의지하고 있다. 분명히, 나 자신은 믿을 수 없었다.

엄마는 미소를 지으시면서 식탁 쪽으로 오라는 손짓을 하셨다. 나는 식탁 의자 하나를 빼서 앉고는 편지를 소리 내어 읽어 내려가기 시작했다.

내가 애써 눈물을 참으며 편지를 읽으려고 안간힘을 쓸 때 부모님은 조용히 귀 기울여 들어 주셨다. 나는 아이들이 받을 상처와 가족들에게 미칠 수치심을 생각하고 있었다. 부모님은 어떻게 해서든지 도와주려고 하셨지만 나는 그 분들이 나를 어떻게 받아들이실지 염려되었다. 내가 얼마나 바보 같은 짓을 저질렀는지! 이제 와서 모든 것이 너무나 분명해졌다. 나는 그 모든 바보짓을 낱낱이 고백하고 있는 것이다. 도대체 부모님은 뭐라고 하실 것인가?

편지를 다 읽은 후, 나는 편지를 접고 고개를 들었다. 아버지는 커피잔을 무릎에 올려놓은 채, 부드러운 눈길로 나를 보고 계셨다. 나는 너무나 부끄러워서 감히 아버지와 눈을 마주칠 수가 없었다. 다시 편지로 눈을 돌리면서, 어떤 일이 닥치더라도 감수하기 위해 마음을 다잡아야 한다고 긴장하고 있었다. 손이 떨리기 시작했다.

그때 아버지가 입을 여셨다. 제일 먼저, 이 모든 갈등에 대해 내가 책임을 져야 한다고 하셨다. 그리고 평생 잊지 못할 말씀을 하셨다. "루스" 부드러운 목소리였다. "너무 자책하지 마라. 우리 모두는 은혜 안에서 사는 것이고 우리가 할 수 있는 최선을 다할 뿐이란다."

어서 오너라

아버지의 말씀은 바로 그 순간 내 마음에 새겨졌다. 한없이

집에서 아버지와 함께 (1993년)

부드럽고 사랑이 넘치는 말씀이었다. 아버지는 은혜에 대해 그저 말씀하셨을 뿐이었지만 나는 아버지에게서 그 은혜를 느낄 수 있었다. 사실, 그리 놀랄 일도 아니었다. 아버지는 내가 플로리다에서 몬트릿으로 온 그날부터, 아니 도착한 바로 그 순간부터 내게 다정하게 대해 주셨다.

나는 그때가 다시 생각났다. 매우 혼란스럽고 화가 나 있는 딸애를 태우고 이곳으로 차를 몰고 온 것은 지금까지 내가 한 일 가운데 가장 어려운 일이었다. 완전히 기진맥진해 있던 나는 부모님이 뭐라고 하실지 가늠해 볼 여유도 없었다. 그저 최악의 상태가 두려울 뿐이었다. 나는 사랑하는 이들의 충고를 무시한 채 집을 떠나 재혼했다. 그리고 지금, 말 그대로 내빼는 중이다. 부모님은 뭐라고 하실까? 만약 날 거부하신다면 어떻게 하지? 내가 '자초한' 불행이니 알아서 감당하라고 하신다면?

그 이후의 일은 내 인생에서 결정적인 순간이었다. 집 앞의 마지막 길목을 돌았을 때 근처에 서 계신 아버지를 보았다. 시동을 끄고 차 문을 열었다. 나는 크게 숨을 들이마셨다. 그리고 나서 감정을 억누른 채 차에서 내렸다. 그때, 아버지가 나를 안아

주시면서 말씀하셨다. "어서 오너라."

나는 그 순간 나를 안아준 아버지에 대해 많은 글을 썼다. 가장 막막했던 순간에 온 몸으로 받아주신 아버지 덕분에 나는 달라졌다. 아버지 앞에 섰을 때 나는 쓸모없는 실패자라고 느꼈다. 그 누가 나를 환대해 줄 수 있었을까? 더구나 아버지라면? 나는 오랜 시간 아버지를 실망시켜 드리고 당혹스럽게 만들었다.

하지만 아버지는 조건 없는 사랑을 보여주셨다. 내가 차에서 내리자마자 두 팔로 안아주신 아버지는 하늘 아버지의 사랑과 용서와 은혜를 보여 주셨다. 성경 속에서 죄 지은 탕자가 돌아오기만을 기다리며 문가에서 서성이다가, 집에 돌아오는 아들을 보고 뛰어나가 맞이한 아버지처럼, 아버지 역시 다가와 나를 안아주셨다. 호된 질책을 들을까 염려할 틈도 없었다. 얼굴을 마주하기도 전에 아버지는 벌써 사랑으로 그 두려움을 잠재우셨다.

그러나, 남편에게 보낼 편지를 읽어드리기 위해 부엌에 들어서는 것은 또 다른 문제였다. 그때는 이미 집에 온 지 몇 주가

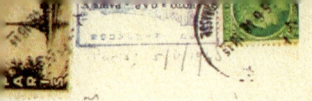

지났다. 실의에 빠져 있긴 했지만, 아버지가 맨 처음 맞아주실 때처럼 기진맥진한 상태는 아니었다. 내 처지에 대한 고통은 깊었지만 그때처럼 쓰라리진 않았다. 이제야말로 아버지는 좀 냉정할 수도 있으셨다. 내 잘못을 지적할 수도 있으셨다. 이 모든 시련이 내 탓이라고 할 수도 있으셨다. 어쨌든, 먼저 아버지의 의견을 듣고 싶다고 한 것은 나였다. 그러나 아버지는 내가 도착했던 첫날의 모습 그대로 은혜를 보여주셨다. 아버지는 책임지려고 애쓰는 나의 모습을 보시면서, "어서 오너라" 하며 받아주신 태도로 일관하셨다.

은혜 안에서 살다

아버지의 말씀은 무슨 뜻이었을까? "우리 모두는 은혜 안에서 사는 것이고 우리가 할 수 있는 최선을 다하는 것뿐이란다." '은혜 안에서 사는 것'이란 무엇일까?

은혜란 분에 넘치는 하나님의 자비라고 말할 수 있을 것이다. 우리는 허물이 있지만 하나님은 예수 그리스도를 통해 은혜를 베푸셨다. 예수 그리스도를 인생의 주인으로 받아들이고 따르기로 결심한다면 하나님은 우리에게 깨끗한 새 마음을 주신다. 우리의 죄를 용서하시고 변화시켜 주신다. 그래서 우리는 하나님과 친밀하게 사귈 수 있다. 그것을 '구원의 은혜'라고 한다.

그러나 우리는 매일의 삶을 위한 은혜, 즉 '삶의 은혜'도 필요하다. 우리 모두는 실수한다. 내가 재혼했을 때 그랬던 것처럼, 잘못된 선택을 하기도 한다. 우리는 죄를 짓는다. 삶이 엉망이 되기도 한다. 그때, 하나님은 돕는 손길을 내미신다. 때를 따라 돕는 은혜를 베푸신다(히 4:16). 약할 때 강건함이나 족한 은혜를 주신다(고후 12:9). 죄를 지었을 때 용서나 은혜를 베푸신다(엡 1:7).

우리는 조건에 따라 주는 선물에만 익숙하기 때문에 값없이 풍성히 주시는 하나님의 은혜를 쉽게 이해하지 못한다. 내가 좋아하는 성경 구절 가운데 하나가 이것이다. "우리가 다 그의 충만한 데서 받으니 은혜 위에 은혜러라"(요 1:16).

"우리 모두는 은혜 안에서 사는 것이다."라고 말씀하셨을

때 아버지는 하나님께서 내게 베푸시는 자비의 통로가 되셨다. 사실상, 아버지의 말씀은 이것이었다. 괜찮아. 하나님은 여전히 너를 사랑하신단다. 하나님께서는 이 어려움을 유익으로 바꾸실 게다. 실패하거나 죄를 지었다고 해서 너 자신이 망가지도록 놔두어서는 안 돼. 하나님을 신뢰해라. 그 분의 은혜는 네게 족하단다. 지금 이 순간에도 말이야.

아버지는 나의 죄를 덮고 넘어가거나, 내가 자신이나 다른 사람들에게 입힌 상처의 깊이를 무시하지 않으셨다. 아버지는 그 고통으로 인해 슬퍼하셨고 마음 아파하셨다. 막무가내로 재혼을 고집한 것이 잘못이었다는 것을 아버지는 알고 계셨다. 그러나 나의 깊은 슬픔 또한 아버지는 알고 계셨다. 집에 와서 부모님께 내 심정을 토로하는 데만 몇 시간이 걸렸다. 부엌에서 편지를 읽어 드렸을 때, 아버지는 이미 내가 하나님을 따르려고 애쓰고 있다는 것을 아셨다. 얼마나 책임을 통감하는지, 얼마나 힘들게 실패를 받아들이고 있는지, 나 자신이 달라지길 얼마나 간절히 원하는지 아버지는 알고 계셨다.

식탁에 앉아 있는데, 눈물이 뺨을 타고 흘러 내렸다. 막 읽기를 마친 편지를 든 내 손은 떨리고 있었다. 그때 아버지는, 뉘우침을 위한 영적 '쟁기질'이 내 마음 속에서 이미 시작되었다는 걸 아셨다. 그리고 자비로운 말씀으로 은혜의 씨를 '파종' 하셨다.

우리가 할 수 있는 최선을 하다

아버지의 말씀은 인생의 결정적인 순간에 생기를 불어넣어 주었다. 수년 동안, 나는 아버지의 말씀을 상처받은 사람들과 나누었다. 죄를 회개하면 하나님은 미쁘시기 때문에 우리를 돕는다고 설명해 주셨다. 그런 면에서 본다면, 그해, 2월 내 인생이 바닥을 쳤을 때, 아버지가 보여주신 은혜는 내게 물려주신 유산이다. 그리고 그 유산은, 다른 사람들에게까지 생기를 불어 넣어 주고 있다.

사실, 굳이 그때 아버지가 하신 말씀을 떠올리지 않아도, "어서 오너라" 하고 받아주신 일을 기억하지 않아도, 아버지는 항상 은혜 안에 사는 것과 최선을 다한다는 것이 무엇인지 몸소 보여 주셨다. 생각해 보면, 아버지는 다양한 상황 속에서 이런 조언을 해 주셨다. 너는 네 할 일을 해라. 그러면 하나님께서 그분만이 하실 일을 하실 것이다. 최선을 다해 일하고 하나님의 품에서 쉬어라. 믿음을 붙들면 성령님께서 오직 그분만이 하실 일을 하실 것이다. 여기에 흔쾌히 한 가지를 더할 수 있겠다. 은혜 안에 살아라. 아버지의 말씀을 하나씩 들여다보면, 그 의미는 하나이다. 하나님께서는 그 분만이 하실 수 있는 일이 있다. 그리고 우리에게는 우리가 할 일이 있다.

아버지의 삶과 사역을 돌아볼 때마다 감탄하는 건 내게 주신 두 가지 조언 사이에서 아버지 자신이 탁월하게 균형을 유지하며 사셨다는 점이다. 즉, 하나님을 신뢰하는 것과 최선을 다하는 것 사이의 균형 말이다. 아버지는 하나님의 은혜를 의지하는 방법들을 아셨다. 자신의 보잘 것 없는 노력으로는 전 세계에 복음을 전하고, 관계를 맺고, 반대하는 세력에 대처하고, 유혹을 이겨내고, 사랑이 넘치는 남편과 아버지로 살 수 없다는 것을 항상 생각하고 계셨다. 아버지는 평생 하나님을 의지하면서, 오직 주님만이 하실 수 있는 일을 기대하면서 일생을 사셨다.

하지만, 한편으로 아버지는 자신의 일을 하셨다. 오직 아버지만이 하실 수 있는 일에 최선을 다 하신 것이다. 복음 전파 같은 중대한 일들만 하나님께 순종하는 것이 아니라, 개인적인 금전관계 같은 사적인 문제들에 대해서도 하나님을 의지하신다. 어머니가 집필하신 『내 차례』에는 이렇게 쓰여 있다. "빌은 굉장히 훈련이 잘 되어 있는 사람이다. 사정없이 자신을 다잡는다."[1] 아버지가 완벽하신 것은 아니었다. 분명 최선을 다 하지 못했다고 자책하실 때도 있었을 것이다. 하지만 아버지를 알고 있는 사람이라면 그것은 극히 예외적인 경우라고 말할 것이다. 아버지가 스스로 만족하시든 아니면 후회하시든, 우리는 아버지가 '사정없이 자신을 다잡는' 분이심을 알고 있다.

최선을 다한다는 것은 인격의 문제라고 생각한다. 아버지를 생각할 때, 내 마음을 가장 울리는 것은 바로 아버지의 인격, 그 깊이이다. 인격은 대가로 얻어지는 것이다. 인격을 키우기 위해서는, 넘어졌을 때 다시 일어나 시도하는 방법을 배워야 한다. 도덕적 딜레마에 당당히 맞서야 하며, 올바른 결정을 내릴 줄 알아야 한다. 우리의 헌신이 다양한 환경 속에서 시험 받을 것을 각오해야 한다. 역경 속에서도 인내와 의연함을 지켜내야만 한다. 사람은 인격을 가지고 태어나는 것이 아니라 만들어 나가는 것이다. 내가 기억하는 한, 아버지는 하나님께 순종하고 최선을 다하기로 결정한 이후에 한 치의 물러섬이 없었다. 이 목표를 바라보며 계속 달려 오셨다. 하나님으로부터 "잘하였도다 착하고 충성된 종아"(마 25:23)라는 말씀을 듣기를 갈망하면서 말이다.

훈련을 통해 최선을 다하다

청바지에 두껍고 낡은 가죽 잠바를 걸치시고 골프 모자를 쓰신 아버지가 몬트릿의 가파른 길을 오르락내리락 하시는 모습이 눈에 선하다. 그 옆에는 어머니와 독일산 셰퍼드 개가 골프 카트를 타고 따라가고 있다.

그때 아버지는 이미 일흔이 넘으셨다. 어머니는 퇴행성관절염을 앓고 계셨지만, 사랑하는 사람과 함께 신선한 공기를 마

시고 숲을 보면서 자연의 변화를 느끼고 싶어 하셨고 어디 손볼 곳이 있나 살피기도 하셨다.

집 앞 오른쪽으로 급격한 곡선 도로를 지나면, 약 100미터 가량 평평한 길이 나온다. 그 길 한쪽 경사면은 협곡 초원이다. 거기서 아버지는 고집 센 숫양 뿔에 받힌 적이 있다. 초원 저 편에는, 키가 크고 단단한 나무들과 포플라 나무들이 산등성이 너머까지 울창하게 버티고 서 있다. 길 다른 한 쪽에는 가파른 제방이 있는데 수선화와 진달래가 흐드러지게 피어 있다. 손자손녀들이 태어날 때마다 어머니가 심으신 것들이다.

이곳에서 아버지는 개를 데리고 왔다 갔다 하시며 운동하신다. 아마도 어머니는 골프카트에 있이 아버지를 따라 다니며 집 주변을 어떻게 꾸밀지 이야기하실 것이다. (어머니는 연로하신 아버지가 쉬실 수 있도록 길가에 벤치들을 놓으셨다.) 두 분은 한껏 원기를 회복하신 후 다시 집으로 돌아오신다.

아버지는 육체를 단련시키는 훈련을 지속적으로 해 오셨다. 내가 아주 어렸을 때, 아버지는 몇 시간씩 산을 오르시거나 조깅을 하셨다. 그때는 조깅을 하는 사람들이 많지 않았다. 또,

이 숫양은 보기와 달리 매우 난폭함. 절대 손대지 말 것!

아버지는 좋아하는 골프를 자주 치셨다. 순회 집회를 다니실 때도 거의 매일 조깅을 하셨다. 바닷가로 휴가를 갈 때면, 해변을 따라 오랫동안 걸으셨다.

아버지는, 장시간 여행을 하는 동안에도 운동을 계속 하지 않으면 몇 주 혹은 몇 달 동안 계속 강단에 서서 설교할 수 없다는 것을 아셨다. 물론, 평소에 아무리 건강하다 하더라도 벅찬 일정을 소화하다보면 병이 생기기 마련이었다. 다시 말해, 순회 집회의 긴장감을 이겨낼 만큼 최선의 준비를 하지 않는다면 결국 몸이 망가질 수도 있는 것이다. 아버지는 지칠 때마다 이겨낼 힘을 달라고 하나님의 은혜를 간구했다. 하지만 자신은 아무 것도 하지 않은 채 하나님의 은혜가 그저 떨어지기만을 기다린 것은 아니었다.

소명을 인정받기 위해 노력하다

아버지가 끊임없이 최선을 다하셨던 것을 손꼽으라면 단

연코 설교 준비이다. 육십 평생의 사역 동안 아버지는 설교를 위한 연구와 노력에 자신을 쏟아 부으셨다. 하나님의 은혜가 임하기 위해서는 준비된 마음이 필요하다는 것을 아버지는 알고 계셨다. 만약 아버지의 마음 속에 충분한 말씀이 없다면, 어떻게 성령께서 성경대로 아버지에게 말씀이 생각나게 하실 수 있을까?(요 14 : 26)

설교를 준비하시면서, 아버지는 성경과 읽을거리들에 몰두해 몇 시간씩 책상에 앉아계셨다. 대개는 책상 한 쪽에 속기용 구술 녹음기가 있었고, 다른 한 쪽에는 서류 더미들이 쌓여 있었다. 그 옆에는 엄마의 사진이 들어있는 커다란 액자가 놓여 있었다. 서류 더미들과 책들 맨 위에는 성경이 펼쳐져 있었다. 서재 한 쪽에는 서가가 있었고, 두 개의 편안한 팔걸이의자 옆으로 난 커다란 창으로는 안뜰이 한 눈에 들어왔다. 아버지는 일하면서 그 뜰을 바라보셨을 것이다.

아버지는 설교와 관련한 것들은 모조리 읽으셨다. 존 스토트(John Stott), 제임스 몽고메리 보이스(James Montgomery Boice), 성서학자들과 신학자들의 책들을. 글로든 실제 삶으로

든, 더 깊은 영향을 준 사람 중에는, 아버지가 할아버지와 함께 공동으로 창간한 「크리스채너티 투데이 Christianity Today」의 초대 편집장이었던 칼 헨리(Carl Henry), 2대 편집장이었던 해롤드 린드셀(Harold Lindsell)이 있다. 정기간행물 「이터너티 Eternity」의 발간인 도널드 그레이 반하우스(Donald Grey Barnhouse)도 특별한 영향을 미쳤다. 휘튼 대학의 총장이었던 레이먼드 에드먼(Raymond Edman), 유럽선교단(Greater Europe Mission)의 설립자인 로버트 에반스(Robert Evans), 그리고 외할아버지 넬슨 벨(Nelson Bell) - 은퇴한 선교사이자 저명한 외과의사, 전(前)남부 장로교 교회 중재자, 「크리스채너티 투데이 Christianity Today」의 편집주간이자 공동 창간자 - 도 지대한 영향을 주었다. 아버지는 거의 매일 외할아버지와 통화를 하셨고 외할아버지는 아버지와 그의 사역에 큰 힘을 발휘하셨다.

아버지는 항상 설교를 준비하려면 엄청난 집중력과 에너지가 필요하다고 말씀하셨다. 아버지는 자료조사원과 작가의 도움을 받으셨다. 어머니는 읽으신 것들 중에 예화가 될 만한 것들을 파일에 모아놓으셨는데 아버지에게 귀중한 도움이 되었다. 그러나 과중한 일과 막중한 책임 역시 아버지가 지셔야 할 짐이었다.

아버지가 전하실 것은 하나님으로부터 받은 설교말씀이어야 했다. 아버지는 대충 넘어가지 않으셨다. 예전의 설교를 그냥 쓰시지도 않으셨다. 어쩌면 예전의 설교를 대충 손봐서 할 수도 있었겠지만 아버지는 설교를 들을 청중에 맞게 다시 만드셨다. 얼마 전, 아버지가 설교에 큰 부담을 느끼신 적이 있었다. 어머니는 아버지에게 "예전 설교 한 편을 꺼내서 말씀하세요."라고 권하셨다. 나중에 아버지는 말씀하셨다. "그냥 예전 설교로 말씀을 전할 수는 없구나. 신선한 설교가 되도록 만들어야겠다."

아버지는 자서전에서 자신의 관점을 이렇게 설명하셨다. "아내는 나의 연구와 공부가 영을 말씀으로 채우는 데 주력해야 한다고 계속 충고해 주었다. 아내와 나는 하나님께서 말씀을 주실 때 내가 연구한 것 가운데 기억나게 할 것이라고 믿었다. 이것이 가장 효과적인 설교이다. 마음과 생각을 가득 채웠을 때 흘러나오는 설교 말씀에는 성령님이 계실 뿐만 아니라 읽었던 많

서재에서 설교를 준비하시는 아버지(1965년)

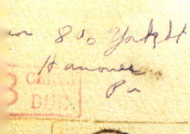

은 글들이 있었다. 그러므로 나는 매우 신중하게 설교의 주제를 선택하고 내 자신을 다 채우도록 읽는다. 그리고 나서 자신을 비워내며 설교를 작성하고 또 다시 읽으면서 자신을 채운다."[2]

아버지는 대부분의 설교를 미리 준비해 놓으셨다. 집회 일정이 기자 회견, 오찬모임, 고위성직자 모임으로 빡빡할 수 있기 때문이다. 하지만, 그때도 아버지는 연구 훈련을 지속하셨다. 집회 여행을 다니실 때마다 책이 가득한 가방을 가지고 다니셨다. 어디에 있든지 자료들을 볼 수 있을 뿐만 아니라, 사람들의 반응에 맞추어 집회 일정을 연장해야 할 때면 새로운 설교를 하시기 위해 연구를 해야 했기 때문이다. 장장 3개월에 걸쳐 강력한 집회가 열렸던, 그 유명한 1954년 런던 집회 때, 72회에 걸친 저녁 집회 설교 중 약 50회가 당일에 준비된 말씀들이었다.

평소에 말씀을 연구하는 것이 몸에 밴 아버지는 그야말로 하루아침에 설교를 만들어 내야 되는 사역에서조차 대충 구색만 맞추는 말씀은 하지 않으셨다. 오랫동안 연구해왔던 말씀들을 기반으로 설교를 만들 수 있었다. 아버지는 막연하게 하나님의 은혜에 기대기만 한 것이 아니었다. 사도 바울이 디모데에게 권

면한 "진리의 말씀을 옳게 분별하며 부끄러울 것이 없는 일꾼으로 인정된 자로 자신을 하나님 앞에 드리기를 힘쓰라"(딤후 2:15)는 말씀에 순종하셨다.

훈련받는 기쁨

어떤 면에서 나는, '훈련'과 성경 연구에 대한 아버지의 열정을 쉽게 연관지어 생각할 수가 없다. 훈련이라는 단어를 떠올리면 별로 하고 싶지 않은 일을 열심히 한다는 생각이 들기 때문이다. 예를 들자면, 나는 아버지와 달리 규칙적으로 운동을 하는 게 힘들다. 그냥 운동이 싫다. 차라리 아침 뉴스를 보거나 커피를 한 잔 더 하거나 친구와 점심을 먹기 위해 외출을 할 것이다. 하지만 건강을 지키고 근력을 유지하고 스트레스를 풀기 위해서 운동이 꼭 필요하다는 것을 나는 알고 있다. 좋아하지는 않지만 할 수 없이 주먹을 불끈 쥐고 훈련해야 한다.

하지만 성경을 연구해야 한다고 아버지의 팔을 잡아 비트는 사람은 이제껏 단 한 명도 없었다. 아버지에게 성경 연구는 그저 순종의 행동이 아니다. 훈련이나 최선을 다하는 것만도 아니다. 아버지는 진리의 말씀을 사랑하신다. 지난 해 골반골절로 병원에 입원하셨을 때, 아버지는 새 번역본 성경을 읽기 시작하셨다. 그저 성경 읽기가 즐거웠기 때문이다. 설교 자료를 뽑아내야 한다는 부담감을 벗어버린 채 줄도 긋지 않고 메모도 하지 않으셨다. 그저 말씀을 달게 먹고 싶어서 읽으셨다. 아버지는 그렇게 회복의 시간을 사용하기로 선택하셨다.

성경 연구는 단순한 '훈련'의 차원을 벗어나 아버지에게 힘을 주는 것 같다. 1976년, 부모님은 다른 부부와 함께 멕시코 태평양 연안에 가셨다. 그 곳에서 쓰신 편지를 보면, 아버지는 "하나님의 말씀은 파고들어 꿰뚫는 힘"이라고 하셨다. 여행기간 동안 아버지는 매일 네다섯 시간씩 하나님의 말씀을 연구하셨다. 내가 알기로 그 여행은 휴가였다. 하지만 아버지에게 성경 연구는 그저 '연구'가 아니라 쉼이었다. 아버지는 편지에 이렇게 말씀하셨다. "그저 훈련, 연구, 저술의 시간이라고 할 수 없다. 그

이상의 시간이었다. 성령님께서 내가 '그분'을 연구할 때 나의 헌신과 자기 포기를 새롭게 하시려고 내 마음을 흔드셨다."

말씀 연구를 통해 내게 훈련을 가르쳐 주시다

내게 주시는 아버지의 처방은 항상 말씀 연구였다. 막 결혼생활을 시작했을 때, 나는 다양한 공개 토론장에 초대를 받기 시작했다. 채 스무 살이 되지 않았을 때였다. 하지만 나를 초대한 사람들은 아마도 내가 아버지와의 관계 속에서 얻은 지혜들을 나눌 수 있으리라 생각했던 것 같다. 아버지는 내가 그런 초대에 응하는 것을 매우 염려하셨다. 아버지는 이 문제에 관하여 편지에 다음과 같이 제안하셨다.

"버니야…… 나는 네가 아직 어린데 공개 토론에 너무 매이는 것이 좋지 않구나. 그런 식으로 다른 사람들에게 이용당하다 보면 자신의 성숙과 발전이 더 어려워질 수 있단다. 너에겐 성경 연구가 필요해! 나는 너와 테드(전 남편)가 성경 연구반에 가길 바란다. 저녁반이라도 말이다.…… 네가 스스로 훈련하길 원한다면 혼자서 성경을 공부할 수도 있단다. 그리고 테드나 친구와 함께 성경을 공부할 수도 있단다.…… 바클레이(Barclay)의 주석을 보면서 골로새서를 읽으렴. 그리고 골로새서가 완전히 '너의 말씀'이 될 때까지 연구하고 또 연구하렴."

아버지는 성경연구를 통해 인격이 풍요로워지고 성숙해질 것이라고 말씀하셨다. 나도 "파고들어 꿰뚫는 말씀의 힘"을 직접 경험할 필요가 있었다. 그저 아버지의 이름을 배경 삼아 사람들에게 도움을 줄 수는 없었다. 아버지께서 넌지시 내비치신 것처럼, 그것은 결국 상처만 남길 뿐이었다. 아버지는 나의 약점을 잘 알고 계셨기에 성경 말씀을 더 깊이 파고들도록 유도하셨다. 성경 연구는 끈질기게, 열정을 가지고, 기대하는 마음으로, 훈련의 일환으로 해야 한다고 말씀하셨다. 하지만 아버지에게 성경 연구를 마지못해 한다는 생각은 한 치도 없다는 것이 분명했다. "말씀이 '네 것'이 될 때까지 연구하라."고 아버지는 쓰셨다. 아버지의 글에서 하나님의 말씀에 대한 열정과 말씀의 권위에 대한 신뢰를 엿볼 수 있었다.

부모님은 일평생 성경에 대한 열정을 우리 형제자매들에게 보여주셨다. 어떻게 성경을 연구하는지, 어떻게 하나님의 말씀에서 진리를 찾는지, 어떻게 그 진리를 삶 속에 적용하는지 알려 주셨다. 하지만, 거기서 끝나지 않았다. 성경을 사랑하는 것, 더 나아가 성경의 하나님을 사랑하는 것을 가르쳐 주셨다. 하나님에 관하여 읽으면 읽을수록, 부모님께서 말씀에 대해 가르쳐 주시면 주실수록, 하나님에 대해 더 깊이 알게 된다.

하나님을 알면 알수록, 더 깊이 하나님을 사랑하게 된다. 그리고 하나님을 사랑하면 할수록, 더욱 깊이 하나님을 신뢰하게 된다. 하나님 말씀 안에 있으면, 하나님을 신뢰하라는 아버지의 조언을 깨닫게 되는 동시에, 최선을 다하라는 조언도 실행하고 있는 것이다.

성경을 연구한다는 것은 내게 훈련이다. 부모님들과 마찬가지로 나도 말씀을 사랑한다. 하지만 성경 연구가 어려울 때가 있다. 특히, 설교 말씀을 준비할 때가 그렇다. 나는 성경 연구가 항상 '하고 싶은 것'은 아니다. 말씀을 읽어도 감동이 없을 때가 있다. 다른 것들이 눈에 들어 올 때가 있다. 하지만 성경을 연구하기로 결단했기 때문에 자리에 앉아 최선을 다한다. 뭔가 깨달을 때까지 성경을 읽는다.

하나님의 길에서 벗어났다는 생각이 들면 방향을 제대로 잡기 위해 하나님의 성품들을 적어 내려간다. 그러면 하나님께서 내 안에 들어오셔서 은혜를 베푸심을 깨닫는다. 결국, 기쁨이 생긴다. 새로운 진리를 발견할 때도 있고, 어떤 주제로 시작했는데 다른 주제로 마무리할 때도 있다. 성경 속의 상호 참조를 따라가는 것은 단서를 따라가는 것과 같다. 성경을 연구하는 것은 하나의 모험이다!

아버지는 사역을 준비하시면서 이런 경험들을 해 오셨을 것이다. "은혜 안에 살고 할 수 있는 최선을 다하라."는 말씀이 그저 전 세계를 무대로 한 아버지의 사역에만 국한되어 적용되는 원칙은 아닐 것이다. 그것은 친숙한 서재에서 말씀을 볼 때나 조깅을 할 때처럼 일상에도 적용되는 원칙일 것이다.

아마도 아버지는 최선을 다하고 있다는 생각이 들지 않는

텍사스 집 정원에서 아버지와 함께 (1982년)

다면 책상에 앉아서, 혹은 조깅 신발을 신으면서 최선을 다할 수 있도록 은혜를 베풀어 달라고 기도하셨을 것이다. 그저 "주님, 도와주소서."라고.

그리스도의 인격

아버지가 사람들에게 그토록 자애로울 수 있었던 이유는 하나님의 자비하심을 직접 경험하셨기 때문이다. 아버지는 연세가 드시면서 더욱 더 은혜가 넘치는 것 같다. 최근 수년 동안 아버지의 모습에는 사람의 마음을 잡아끄는 온화함이 있다.

오랫동안 우리 가족이 다니던 교회의 담임 목사이셨던 캘빈 틸먼 목사님께서 한번은 이렇게 말씀하셨다. "나이가 드시면 드실수록 본연의 모습이 드러나시네요." 아버지는 온화하고 자애로운 분이시고, 수년 동안 온화함과 자애로움이 더욱 풍성해지셨다.

아버지의 부드러움을 생각할 때면, '활 활 타오르는 불 자체보다 타고 남은 장작불에서 더 많은 온기를 느꼈던' 일들이 생각난다. 물론 젊으셨을 때도 나는 아버지를 매우 사랑했다. 하지만 나이가 드시면서 보여주시는 깊고 폭넓은 시야는 내 마음을 설레게 한다. 아버지는 상처 주는 칼날이 없는 복음의 진리를 고수하신다. 통렬한 비판을 쏟아내지 않으신다. 독기 어린 말을 토해내지 않으신다. 아버지의 삶과 사역은 그저 널리 퍼져 스며드는 수용성과 사랑으로만 표현되어 왔다.

아버지가 부정적인 말을 하신 적은 있다 하더라도, 그것은 극히 드문 일이었다. 내가 다른 사람들을 비판할 때마다 아버지는 잘못을 고쳐 주신다. "그들이 무슨 생각을 하고 있었는지 나는 잘 모르겠구나." 눈썹을 치켜세우시며 말씀하실 것이다. "그런 평가를 내리는 것은 속단이야." 침묵으로 말씀하실 수도 있다. 사실, 침묵이 가장 견디기 힘든 반응이다.

세상을 바라보는 아버지의 시각은 배울 점이 많다. 확실하지 않은 것들은 가능하면 좋게 생각하는 것, 그리고 다른 사람의 마음을 알고 있다고 추측해 버리지 않는 것이다. 아버지의 시선은 예수님과 비슷하다. 아버지는 은혜의 눈으로 보신다.

최근 몬트릿 집 부엌에서 부모님과 나눈 대화가 생각난다 (온갖 중요한 순간들이 그 부엌을 배경으로 하고 있는 것 같다). 나는 어머니에게 아이들의 생각이 틀렸다고 판단될 때 어떻게 그들을 수용하는지 여쭤보았다. 의견이 다를 때라도 아이들을 사랑할 수 있는 방법과 관계의 균형을 유지하는 방법을 어떻게 배우셨는지 궁금했다.

이런저런 이야기들을 나누다가 결국 나는 직면한 상황을 어머니에게 털어놓기 시작했다. 나의 곤란한 처지를 어머니 역시 공감하셨다. 아버지는 아무 말씀도 없으셨다. 하지만 나는 아버지의 귀가 어두우셨기 때문에 우리의 대화를 이해하지 못하거나 관심이 없으신 줄 알았다.

이야기가 끝나고 나서 나는 아버지를 모시고 부엌에서 나와 긴 복도를 지나 아버지의 방으로 갔다. 복도의 창으로 불빛이 새어 들어오고 있었다. 아버지는 보행기에 의지하여 천천히 움직이셨다. 복도 끝 문지방에 도착했을 때 아버지는 멈추셔서 어머니와 내가 방금 나눈 대화에 대하여 하실 말씀이 있다고 하셨다. 잠시 호흡을 가다듬으시더니 아버지는 내 눈을 똑바로 보셨다. 그리고 나서, 내가 힘들다고 불평한 아이들에 대해 확신에 찬 목소리로 말씀하셨다. "그 아이들은 제대로 하려고 애쓰고 있는 게다. 그러니 너는 그 아이들을 든든하게 받쳐 주어야지."

나는 뭐라 할 말을 잃었다. 아버지는 더 깊이 사랑하라는 도전을 다시 한 번 던져 주셨다. 한결같은 아버지의 태도에 나는 경외감까지 느꼈다. 수년 전에 나 자신이 스스로의 실패를 고백하며 쓴 편지를 정신없이 읽어드렸던 그 부엌에서 아버지는 조건 없는 사랑을 보여주셨다.

이제는 내 아이들에게 그 사랑을 보여주라고 권유하시는 것이다. 내가 아이들을 보면서 감히 똑같은 말을 할 수 있을까? "우리 모두는 은혜 안에 사는 것이고 우리는 할 수 있는 최선을 다할 뿐이다." 내가 실수를 했을지라도 따뜻하게 맞아주시며 "어서 오너라." 말씀하신 아버지의 그 사랑을 내가 내 아이들에게 줄 수 있을까?

아버지는 아이들이 제대로 하려고 애쓰는 것을 보셨다. 그런데 왜 나는 보지 못했을까? 은혜를 알고 있다고 나는 항상 생각해 왔다. 살면서 수많은 실수들을 거듭해 왔고 그때마다 넘어졌다. 죄를 지었다. 나를 휘감고도 남을 은혜가 간절히 필요했다. 그리고 그런 은혜를 받을 자격이 없는데도 은혜를 받아왔다. 물론 그것이 원래 받을 자격이 없는 자에게 주어져서 은혜인 것이다.

나는 은혜를 받아 본 사람이기에 쉽게 은혜를 베풀 수 있을 것이라 생각했다. 쉽게 말할 수 있을 것이라 생각했다.

괜찮아, 하나님은 널 사랑하신단다. 하나님께 용서를 구하렴. 하나님은 널 버리지 않으실 거야.

하지만 지금 나는 부모님께 힘들다고 말하고 있다. 사실, 그 어려움이 아이들에게 은혜를 나눌 수 있는 절호의 기회인데도 불구하고 나는 그것을 보지 못했다.

복도에서 아버지가 부드럽게 소박한 진리를 말씀하셨을 때야 비로소 나는 하나님께서 내게 원하시는 것이 무엇인지 똑똑히 알게 되었다.

하나님은, 은혜를 원하셨다. 같이 마음 아파하길 원하셨다. 아버지가 내게 보여주셨던 것을 원하셨다. 하나님은, 아버지의 관점을 사용하셔서, 아니 아버지의 관점을 뛰어넘어 아버지 안에 형성된 그리스도의 인격을 사용하셔서 내게 무엇이 부족한지 자상하게 알려 주셨고 변화의 기회를 주셨다.

손자 와이어트와 손녀 버지니와 루스와 함께

제 5 장

충성

보라 형제가 연합하여 동거함이
어찌 그리 선하고 아름다운고 (시편 133:1)

"**저**는 요 몇 주 동안 플로리다 잭슨빌에 있는 메이요 병원에 입원해 있었습니다. 소식은 지난 목요일 아내가 전화로 알려 주었습니다."

엄숙하고 낮은 목소리로 아버지는 말씀하신다. 애쉬빌과 몬트릿 사이에 있는 조그만 산골 마을, 노스캐롤라이나 주(州) 스와나노아에 위치한 제일 침례교회 강단에 서 계신다. 방금 전, 남동생 프랭클린이 간단하게 아버지를 소개했다. "아버지를 소개해 달라는 부탁을 받았습니다.…… 그러니까…… 뭐, 아시다시피…… 아버지가 나오십니다."

아버지가 일어나 강단으로 걸어 나오자 아버지의 지인이 대부분인 청중들은 웃음을 터뜨렸다. 이 자리에서 우리는 사랑했던 한 사람에게 작별 인사를 하고자 한다. 하지만 축하도 하려고 모인 것이다. T 아저씨는 하늘의 고향집으로 돌아가 주님과 함께 계신다.

그날 오후, 교회는 사람들로 가득하다. 나는 두 번째 줄에 앉아 있다. 앤 언니와 프랭클린은 내 앞에 앉아 있다. 이제 아흔이 넘으신 '비브 아저씨'가 그 옆에 앉아 계신다. 곧 찬양을 부르기 위해 일어나실 것이다. 비브 아저씨 옆에는 일흔 후반의 클리프 아저씨가 계시다. 내 뒤에는 아버지와 함께 사역한 팀 멤버들의 가족과 친구들, 그리고 T 아저씨를 사랑했던 많은 사람들이 모였다.

아버지는 메이요 병원에서 받았던 엄마의 전화 이야기를 계속 하신다. "아내가 제게 T가 방금 세상을 떠나 하늘나라로 갔다고 말해주었습니다. 처음에는 깜짝 놀라 정신이 멍해지더군요. 하지만 곧 기분이 좋아졌습니다. 이 친구가 저를 제치고 하늘나라에 먼저 도착한 겁니다." 아버지는 소년 같은 미소를 지으셨다. 웃음소리가 들렸다. 아버지는 써 오신 메모를 보면서 말을 이으셨다.

"이 친구와 전 그 이야기를 자주 했습니다. 다음 타자는 누구일까? 특히, 그의 형 그래디가 몇 년 전 주님 곁으로 간 이후에는 더 자주 했지요. 우리는 죽음 이후의 삶과 하늘나라는 어떤 곳일지 자주 이야기했습니다. 그 곳에서 만날 친구들, 거기서 나눌 멋진 교제들을 말이지요. 이제 친구가 저보다 먼저 갔으니, 제가 하늘나라에 가면 저를 맞으러 달려오겠지요. 뭐, 그리 멀지 않았다고 생각합니다. 10년 안에는 갈 것 같습니다."

교회 안에는 웃음소리가 터져 나왔다. 이제야, 휘어진 코 때문에 밥 호프와 닮았다는 소리를 자주 들었던, 유머 감각이 남달랐던 T 아저씨를 위한 축하의 자리로 썩 어울리는 것 같다. 아저씨는 언제나 농담이나 재미있는 이야기가 가득했다. 동시에, 영적 통찰력을 나누거나 같이 기도할 준비가 항상 되어 있는 분이셨다. 마음이 따뜻했던 아저씨 주위에는 사람들이 모여들었다. 한편으로 아저씨는 사랑하는 사람들이 공격을 받을 때면 강력한 보호자가 되어 주기도 하셨다.

말씀하시는 아버지의 표정을 본다. 엄숙하지만 마음은 가벼워 보인다. 그리고 사랑이 넘치신다. 아버지는 T 아저씨가 하나님의 신실한 종이었고, 따뜻한 격려자였으며, 열정적인 복음주의자였다고 하신다. 아저씨가 성경말씀을 사랑하는 '기도의 사람'이었다고, 지금 아버지가 얼마나 아저씨를 그리워하는지 말씀하신다.

나도 아저씨가 그립다. 생각해 보면 아저씨는 내게 얼마나 다정하셨던가. 항상 내가 자랑스럽다고, 나를 사랑한다고 말씀

비브 아저씨, 클리프 아저씨, 테드 아저씨

하시며 친딸처럼 대해 주셨다. 대각선 방향으로 아저씨의 딸이 보인다. 샐리는 어렸을 적 절친한 친구인데 가족석에 앉아서 아버지의 말에 귀를 기울이고 있다. 함께 보냈던 어린 시절들을 기억한다. 아버지들도 함께였다. 여름엔 차를 타고 캘리포니아 해변을 훑었다. 겨울 주말이면 키 비스케인에 가곤 했다. T 아저씨는 자녀들을 무척 사랑하셨다. 세상에서 가장 멋진 아이들인 양 대하셨다. 그리고 우리 형제들도 사랑하셨다. 아저씨는, 아버지가 아저씨에게 그랬듯이, 아버지께 전적으로 헌신하셨다.

아버지는 노스캐롤라이나 주(州) 샬롯에서 그래디와 T.W 윌슨 형제와 함께 자랐다. 가족끼리 친분이 있었지만, 절친한 친구가 된 것은 1934년 모디케이 햄 성령 집회에서였다. 십대였던 아버지는 그 곳에서 자신의 삶을 주님께 드렸다. 이 세 젊은이는

성경공부에서 다시 만났다. 그리고 T 아저씨는 잠시 풀러 브러쉬 회사에서 판매사원으로 일하셨다. T 아저씨를 간단명료하게 묘사한 아버지의 말씀에 따르면, 십대 시절의 아저씨는 '우람', 그 자체였다고 한다. 항상 거대한 사람이었다. 새파랗게 젊었던 시절에도 경비원 정도는 그냥 제치고 들어갈 수 있었을 거라고 말씀하셨다.[1]

아버지와 클리프 아저씨의 전도 집회에 맨 처음 합류한 것은 그래디 아저씨였다. 아저씨는 목회를 그만 두시고 전도팀의 일원이 되셨다. 아버지의 사역이 전국적으로 확대되는 계기가 되었던, 1949년 로스앤젤레스 대집회 이후에는 전적으로 전도팀 일만 하셨다.

그래디 아저씨의 직함은 협력 전도자였지만, 때에 따라 다양한 일을 하셨다. 순회 집회 길동무, 보좌역, 비밀까지 털어놓

아버지, T 아저씨, 클리프 아저씨,
그래디 아저씨(1987년)

을 수 있는 절친한 친구, 조언자, 빌리 그레이엄 전도 협회 멤버까지.

T 아저씨는 늦게 팀에 합류하였다. 물론 자신의 목회를 포기하고 시작했다. 그리고 나중에는 자신의 전도 집회도 포기한 채 협력 전도자로서, 일종의 수석 보좌관으로 섬기셨다. 다른 일들도 많이 하셨지만, 주로 몬트릿 사무실을 운영하셨고, 아버지와 함께 집회를 다니시며 보안을 담당하셨다. 그리고 빌리 그레이엄 전도 협회 이사회 일도 맡으셨다. T 아저씨는 아버지에게 형제와 다름없다.

T 아저씨와 그래디 아저씨는 클리프 배로우즈, 조지 비벌리 셰아, 테드 스미스(Ted Smith), 조지 윌슨(George Wilson), 에스더 라도우(Esther LaDow), 찰리 리그스(Charles Riggs), 러스 버스비(Russ Busby), 월터 스미스(Walter Smyth)와 함께 아버지 사역의 핵심 인력이었다. 아직 은퇴하지 않으신 분들은 지금까지도 아버지의 사역에 동참하고 계신다.

스와나노아 교회 의자에 앉은 나는 강단에서 말씀을 전하시는 아버지를, 하얗게 센 머리카락과 파란 눈동자를 본다. 그리고 비브 아저씨와 클리프 아저씨도 힐끗 본다. 생각이 많으신 모양이다. 연로한 전사(戰士)들이 친구에게 작별 인사를 하려고 모였다. 비브 아저씨는 여전히 찬양을 하고, 클리프 아저씨는 예배를 인도하신다. 그리고 아버지는 말씀을 전하신다. T 아저씨에 관한 말씀을 하고 계시지만, 실상은 설교를 하신다. 친구의 장례식에 모였지만, 여전히 하나님께서 주신 사명을 감당하고 있는 것이다.

맨 처음에는 그래디 아저씨, 그 다음엔 조지 윌슨 아저씨, 이제는 T 아저씨. 월터 스미스 아저씨도 위독하시다. 이렇게 한 명씩 세상을 떠날 때마다 그들은 축하하고 자신들도 차례가 돌아올 것을 생각할 것이다.

"우리는 자주 죽음 이후의 삶을 이야기했습니다." 아버지는 초반부에 말씀하셨다. 이들은 평생을 함께 하며 신실하게 하나님을 섬겼다. 그리고 이제는 영원히 함께 할 삶을 이야기하고 있다. 그것은 아름다움이며, 충성이고, 사랑이다.

늙은 전사들

T 아저씨의 장례식 이후 4년이 흘러 나는, 뉴욕 플러싱 메도우즈 코로나 공원에서 열리는 집회에 앉아 있었다. 햇빛이 찌를 듯이 작렬하고 있었다. 미국에서 열리는 아버지의 마지막 집회였는데, 그것이 결국 아버지 인생의 마지막 집회가 되고 말았다. 거기서 나는 장례식과 비슷한 인상을 받았다. 2005년 6월이었다. 내 마음 속에 물결치는 단어는 스와나노아 교회에서 스쳤던 것과 같았다. '늙은 전사'. 아버지, 비브 아저씨, 클리프 아저씨, 그들이 다시 뭉쳐 또 다른 작별 인사를 한다. 청춘을 다 바쳤던, 평생을 매진했던 사역에게 고하는 작별 인사.

아흔 여섯의 비브 아저씨는 불붙는 오후의 열기 속에서도 아버지의 강단 한 쪽에 기대어 서서 9만 명이 넘는 청중들 앞에서 '주님의 높고 위대하심을' 찬양하셨다. 강단 다른 쪽에 서 계신 클리프 아저씨는 단 뒤에 서 있던 수많은 성가대를 지휘하여 비브 아저씨와 화음을 만들어냈다. 그 후에, 아버지가 보행기에 기대신 채 앞으로 나가셨다. 아버지가 강단에 서실 때, 동생 프랭클린이 부축해 드렸다. 아버지는 '그리스도가 다시 오실 때'라는 말씀을 전하셨다. 세 사람은 그렇게 자주 해 오던 일을, 이제 이렇게 마무리하는 것이다.

아버지는 설교에 앞서 감사의 말을 전하셨다. 먼저는 몇몇 고위 공직자들과, 언론, 이번 집회에 관련된 사람들을 언급하셨다. 그리고 나서 사랑하는 팀원들에게 감사의 말을 전하셨다. 그 순간 나는, 그들이 하나님을 섬기는 데 하나가 되어 보여주었던 헌신의 일생으로 가슴이 벅차올랐다.

"하지만 무엇보다도…… 특별히" 아버지는 북받쳐 오르는 감정을 숨기지 못하시고 말씀하셨다. "오랜 친구이자 수십 년 동안 나를 도와준 동료들, 우리가 함께 한 지도 벌써 60년이 넘었습니다. 클리프 배로우즈와 조지 비벌리 세아에게 고맙다는 말을 전하고 싶습니다."

두 사람의 이름이 나오자 공원에 있던 수많은 청중들은 박수를 치기 시작했다. 강단에 나란히 앉아 있던 아저씨들은 서로 손을 굳게 잡았다. 아버지는 계속 말씀을 이어 가셨다. "그들은 제가 알고 있는 사람들 중에 가장 위대한 하나님의 사람들입니

뉴욕에서 비브 아저씨, 클리프 아저씨, 아버지 (2005년)

다." 박수 소리는 더욱 커졌고 아버지는 격려하듯 말씀하셨다. "그렇습니다." 청중들이 모두 기립하여 박수를 보내자 아저씨들은 자리에 앉은 채 수많은 청중들을 바라보며 상기된 표정을 감추지 못하셨다. 잠시 후, 아버지는 아저씨들에게 손짓을 하셨다. 아저씨들은 일어서서 아버지에게 다가갔다. 아버지의 마이크에서 대화가 흘러 나왔다.

비브 아저씨가 아버지의 손을 잡으시고 반짝이는 눈으로 말씀하셨다. "내게는 큰 특권이었네." 클리프 아저씨도 아버지의 오른팔을 잡으시며 미소로 말씀하셨다. "정말이야, 친구."

충직한 종들

언론들은 아버지를 보기 위해 뉴욕 집회에 왔지만 – 집회 전날 가졌던 기자 회견이 뉴욕시 역사상 가장 대규모였다는 이야기를 들었다. – 아버지는 그 스포트라이트를 독식하지 않으셨다. 그 스포트라이트는 하나님께 속한 것이었다. 아버지는 자신이 하나님께 부여받은 사명, 복음 전도의 일을 하기 위해 몸과 마음과 영혼을 하나님께 헌신한 사람들의 모임 가운데 한 명에 지나지 않는다는 말씀을 항상 해 오셨다. 물론, 리더는 아버지였다. 하지만 그 사역은 원맨 쇼가 아니었다.

아버지는 기자 회견에서 클리프 아저씨와 비브 아저씨에 대해 말씀하셨다. "이 집회에는 나와 함께 온 대단한 협력자들이 몇 명 있습니다. 어쩌면 제가 그들을 따라 온 것입니다." 아버지의 말씀이 전적으로 맞다. 그 사역은 아버지의 것이 아니다. 팀원의 노력으로 이루어진 것이다. 팀이 아버지와 함께 하든, 아버지가 팀과 함께 하든, 어떻게 말하든 마찬가지이다.

내게 큰 감동을 주었던 것은, 비단 그 사역이 한 팀의 수고였다는 사실 뿐만 아니라 그 팀이 애쓴 수고들이다. 『내 모습 이대로 *Just As I Am*』에서 1964년 빌리 그레이엄 전도 협회 협력 전도자들의 사진을 보면 단 한 사람만이 팀을 떠나 다른 일을 했다. 나머지 사람들은 여전히 사역의 일부를 담당하고 있거나 죽을 때까지 자리를 지켰다.

내가 기억하기로, 아버지의 팀은 아주 각별한 친분을 쌓으며 성실과 충성을 보였다. 예를 들어, 첫아이를 임신했던 크리스마스에 나는 가족 모임에 가지 못했다. 대신 우리 부부는 근처 필라델피아에서 우리 부모님의 오랜 협력자이자 친구이신 시부모님과 함께 크리스마스를 보냈다. 나는 시아버지를 '프레드 아저씨'라고 불렀다.

그 날 대화 중에 프레드 아저씨가 해 주신 말씀이 아직도 기억이 난다. 몬트릿에 가지 못한 나를 위로해 주시려고 아저씨는 얼마나 우리 부모님을 사랑하는지, 특히 아버지를 얼마나 깊이 사랑하는지 말씀해 주셨다. 내 눈을 바라보시면서 너무나 당연하다는 듯이 말씀하셨다. "나는 네 아버지에게 내 생명도 줄 수 있단다."

그것은 그저 나를 위로하려고 하신 말씀이 아니었다. 그것은 진심이었다. 프레드 아저씨는 아버지를 사랑하셨다. 그리고 아버지도 아저씨를 사랑하고 의지하셨다. 요즘에도 아버지는 1993년 세상을 떠나신 아저씨 이야기를 가끔 하신다. 집에 있을 때면 아버지는 나를 보시며 아쉬운 듯 말씀하신다. "프레드가 그립구나."

성실함으로 이끌다

아버지는 사역을 하시는 내내 사람들에게 충실하시고 성실하셨다. 사람들을 받아주시고 따뜻하게 대하시는 성격 때문이기도 하다. 아버지는, 내 인생의 위기에서 보여주셨듯이, 판단하지 않으신다. 아버지에게 다가가는 사람은 재판관이 아니라 친구나 동지라는 느낌을 받을 것이다. 조지 부시 전(前) 대통령도 자서전에서 나와 같은 생각을 말했다. "빌리 그레이엄은 죄책감이 아니라 사랑받고 있다는 느낌을 주었다."[2]

아버지가 주위 사람들에게 주를 위해 헌신하도록 자극을 주는 이유는 무엇일까? 그리스도를 향한 아버지의 열정적인 사랑일 수도 있다. 세계 복음화를 위해 헌신하던 아버지의 광대한 비전일 수도 있다. 사역에 대한 불굴의 헌신일 수도 있다. 아버지의 고귀한 성품이거나 겸손일 수도 있다. 이러한 자질들 때문에 아버지는 따르고 싶은 리더였다. 그런데 무엇보다도, 아버지는 함께 길을 걷는 이들에게 늘 성실한 모습을 보여주신다. 자신을 뒷받침해주는 사람들을 사랑하고 그들에게 헌신했기 때문에 훌륭한 리더가 될 수 있었다는 생각이 든다.

오랫동안 빌리 그레이엄 전도 협회의 협력 전도자였던 존 웨슬리 화이트(John Wesley White)와의 관계는 아버지가 동료들에게 얼마나 헌신적이었는지 보여주는 단적인 예이다. 캐나다 출신의 존은 보기 드물게 성경에 대해 해박한 지식을 갖고 있었다. 그는 전도자로서 캐나다와 미국에서 많은 집회를 이끌었다. 또한, 아버지를 도우면서 자료조사와 글쓰기를 맡아 주었다.

존은 대규모 사역뿐만 아니라 우리 가족에게도 특별한 관심을 갖고 있었다. 맨 처음 동생 프랭클린에게 설교하라고 초청해 준 사람도 존이었다. 그는 프랭클린이 사역을 하는 데 지속적인 격려와 조언을 아끼지 않았다. 두 번째 결혼이 파탄 났을 때, 존은 내게 온타리오 집회에 와서 간증을 해 달라고 했다. 내 인생이 그런 식으로 엉망이 되고 보니, 나는 보잘 것 없고, 제대로 하는 것이 없는, 간증 같은 것을 하기에는 자격이 안 되는 사람인 양 느껴졌다. 하지만 존은 내 안에 다른 모습을 보고 있었다. 그래서 나의 실패를 부끄러워하지 않았다. 온타리오에 머무는 동안 존은 내게 용기를 북돋워 주었다.

이런 식으로, 또 다른 많은 방법으로 존은 1960년대부터 아버지를 신실하게 섬겨주었다. 그러다가 1996년, 육십 대였던 존은 중풍을 심하게 앓았다. 처음에는 말조차 할 수 없었다. 하지만 어느 정도 회복되자 존은 아버지와 다른 친구들, 동료들에게 격려의 편지를 쓰기 시작했다. (지금도 쓰고 있다.) 일명 '화이트의 편지'이다. 이 편지 안에는 세상사에 대한 성경적 가르침과 통찰력이 담겨 있다.

다시 여행을 할 수 있을 정도로 회복되었을 때, 아버지는 존 부부를 빌리 그레이엄 전도 협회 집회에 보내 사역을 계속할 수 있도록 했다. 행동에는 제약이 있었지만, 그는 여전히 소중한 팀원이었고 아버지는 그의 곁에 든든히 서 계셨다. 아버지는 존이 신체적 제약을 갖고 있다고 해서 사역에서 제외하지 않으셨다. 오히려 여전히 존에게, 그의 통찰력, 지원, 기도에 의지하셨다. 그리고 그를 사랑하셨다. 아버지는 친구들에게 변치 않는 애정을 갖고 계신다. 일평생 성실한 애정을 보여준 이들에게 변함없는 사랑을 되돌려 주신다.

갈등 속에서 성실하다

아버지는 친구를 사귀면 평생지기로 삼는 분이셨다. 사람들에게서 관심을 끊으시는 분이 아니다. 빡빡한 일정으로 제약이 많았지만, 아버지가 의미 있는 인간관계를 만들어 가고 유지하기 위해 수년의 수고를 아끼지 않으시는 것을 나는 보아 왔다. 아버지는 우리들이 자랄 때 편지와 선물을 보내시고, 전화하시고, 여건이 되기만 하면 개인적으로 만나셨다. 마찬가지로 친구들에게도 할 수 있는 한 다양한 방법들을 사용하신다. 지금도 여건이 허락되면, 사촌들, 조카들, 가족들과 시간을 보내기 위해 샬롯에 가신다. 사실, 갈 수 없는 이유를 들자면 끝도 없다. 하지만 여행길을 자처하시는 이유는 깊이 사랑하기 때문이다

사람들을 대하는 아버지의 마음을 생각해 보면, 아버지가 사역을 하시면서 하나님의 부르심을 따르기 위해 얼마나 많은 희생을 치렀는지 분명히 알 수 있다. 아버지처럼 정이 많은 사람이 사랑하는 가족들을 떠나 있는 것은 굉장히 고통스러운 일이다. 때때로 가족들과 나누어야 할 소중한 일들을 놓치기도 하고

친밀감을 쌓을 기회가 적어서 외롭기도 하셨을 것이다. 그런 식으로 본다면 자신의 일에 최선을 다하고 하나님을 신뢰하기로 한 결단은 감정과의 싸움이기도 하다. 직접 아이들을 돌보고 싶지만 하나님께 맡길 수밖에 없는 상황은 갈등의 연속이었을지 모른다. 하나님의 부르심에 충실할 것인가 아니면 가족과 사랑하는 이들에게 성실한 애정을 보일 것인가. 분명 가족과 사역 사운데 선택을 해야만 하는 상황들이 수없이 많았으리라.

가장 기억에 남는 순간은 1974년 외할머니가 돌아가셨을 때다. 우리는 외할머니를 우리만의 중국어인 라오 냥이라고 불렀다. 외할머니가 돌아가셨을 때 나는 11개월짜리 아기를 둔 스물세 살의 엄마였다. 라오 냥과 우리가 라오 이라고 불렀던 외할아버지는 25년 가까이 중국에서 의료선교를 하셨다. 세계 2차 대전 중에 어쩔 수 없이 중국을 떠나셔야 했고 미국에 돌아와 몬트릿에 정착하셨다. 우리 부모님도 결혼하면서 몬트릿에 신혼살림을 꾸리셨다. 아버지가 전도 여행을 다니셔야 했기 때문에 어머니는 부모님 근처에 있고 싶어 하셨다. 외할머니와 외할아버지는 돌아가실 때까지 우리 집이 있던 산 아래에 사셨다.

1973년 외할아버지가 먼저 돌아가셨다. 어머니의 상실감은 이루 말할 수 없이 컸다. 우리 모두 힘들었다. 그만큼 할아버지와 가까웠기 때문이다. 하지만 그 이듬해 가을 외할머니가 돌아가셨을 때, 나는 극심한 정신적 고통을 겪었다. 바로 그 전 달, 10월에 어머니는 밀워키에 사는 언니네에 가셨다가 심한 낙상으로 큰 부상을 입으셨다. 순식간에 5m 높이에서 떨어지신 것이다. 발목뼈가 산산조각이 나고, 척추가 눌리면서 갈비뼈가 부러졌다. 그리고 정신을 잃으시면서 일주일간 혼수상태에 빠지셨다.

어머니는 할머니께서 뇌일혈로 쓰러지셨다는 소식을 언니네 집에서 몸을 추스르다가 들으셨다. 어머니는 여전히 건강이 안 좋은 상태였지만 목발에 의지해 비행기를 타고 몬트릿으로 돌아와 할머니 곁을 지키셨다. 어머니와 나는 외할머니를 애쉬빌의 병원에서 모시고 나와 할머니 집으로 모셨다. 할머니는 계속 의식이 없으셨다. 그리고 얼마 지나지 않아 11월 8일에, 할머니는 세상을 떠나셨다. 회복이 어려우실 거라고 생각은 했지만 막상 일이 닥치자 현실로 받아들이기는 쉽지 않았다. 그때 아버

조부모님, L. 넬슨과 버지니아 벨

딸 노엘과 함께 (1974년)

지는 버지니아 주(州) 노포크에서 집회를 하고 계셨다.

맨 처음에 아버지는 외할머니의 장례식에 오지 않으려고 하셨다. 시기가 굉장히 애매했다. 아버지는 버지니아의 타이드워터에서 열린 10일간의 집회를 마무리하고 계셨다. 내가 생각했던 대로, 사람들은 아버지가 노포크를 떠나시면 주님의 일에 막대한 지장이 생긴다고 압력을 가했다. 분명 아버지는 고심에 고심을 거듭하셨을 것이다. 그리고 노포크에 남는 것이 최선이라는 선택하셨다. 그리고 우리는 그 결정을 받아들였다.

하지만 몬트릿의 우리 교회 담임 목사셨던 캘빈 틸먼 목사님은 아버지의 결정에 동의하지 않으셨다. 우리의 상황을 너무나 잘 아셨기에 직접 아버지에게 전화를 하셨다. 무슨 말이 오갔는지는 모르겠지만, 아버지는 생각을 바꾸셔서 집에 돌아오기로 하셨다.

외할머니의 장례식 내내 아버지는 우리와 함께 계셨다. 아버지가 계시니 마음이 놓였다. 그런데 아버지가 할머니의 장지에 가지 않고 노포크로 돌아가신다는 것이었다. 내 생각에는 그러면 안 될 것 같았다. 어머니의 자서전, 『회고의 시간 *A Time for Remembering*』의 저자 패트리샤 대니얼스 콘웰(Patricia Daniels Cornwell)은 장례식에서 어머니가 "목발에 의지해 복도를 걸어 내려오는데 아찔할 만큼 위험하게 휘청거리셨다."[3]고 전한다. 나중에 이야기해 보니, 어머니는 장례식조차 기억하지 못하셨다. 나는 아버지가 우리와 함께 계시길 바랐다. 아버지의 도움과 위로가 절실했다. 어머니와 함께 계셔 주시길 간절히 바랬다. 나는 어머니와 함께 외할머니의 침상을 지키면서 생전 처음으로 어머니가 소리 내어 우시는 모습을 보았다. 몸도 편치 않으신 어머니가 슬퍼하시는 모습을 보니 어떻게 해야 할지 몰랐다. 어머니를 위로할 방법이 내게는 없었다. 이런 순간에 어떻게 아버지가 우리만 남겨 두고 떠나실 수가 있는가?

나는 짐을 꾸리시는 아버지의 방에 들어갔다. 아버지가 떠나시려는 걸 알았다. 내가 할 수 있는 것이 없다는 것도 알았다. 하지만 뭔가 말하고 싶었다. 생전 처음으로, 아마도 내가 기억으로는 유일하게, 아버지께 이유를 물었다. 나는 눈물을 글썽이며 아버지께 여쭈어 보았다. "왜 우리와 함께 계실 수 없나요? 어떻게 우리만 놔두고 가실 수가 있죠?"

뜻밖에 아버지는 담담하게 나를 안아주셨다. 하지만 분명하게 말씀하셨다. "언젠가 너도 이해하게 될 게다." 우리의 대화는 끝났다. 나는 아버지를 신뢰해야 했고, 그러려고 노력했다. 하지만 내 마음은, 진정되지 않았다.

사실은, 지금도 아버지가 어떻게 그런 상황에서 우리만 남겨 두고 가실 수 있었는지 이해가 되지 않는다. 우리는 외할머니를 잃었다. 어머니는 몸이 불편하고, 얼마 전까지 혼수상태에 계셨다. 우리는 깊은 슬픔에 잠겨 있었다. 그런데 아버지는 집회 현장으로 돌아가셨다. 힘들었다. 적어도 나는 그랬다.

하지만 그런 결정을 내린 아버지 역시 힘드셨다는 것을 알고 있다. 그런 상황에 있는 가족들을 두고 떠난다는 것이 결코 쉬운 일일 수 없다. 더구나, 딸이 울면서 같이 있어 달라고 했을 때는 마음이 찢어지는 듯 하셨을 것이다. 사역과 가족 사이에서, 그 둘 다 중대한 기로에 섰을 때, 아버지는 선택을 하실 수밖에 없었다. 아버지는 그런 선택을 수없이 해오셨다. 시간이 지나면서 선택이 더 쉬웠을 수도 있다. 아니면, 여전히 고통스러웠을 수도 있다. 어느 쪽인지 나는 모르겠다. 하지만 이번처럼 힘들어

하는 가족들이 눈에 밟힐 때, 아버지 역시 괴로우셨을 것이다. 또 다른 한편에서는 아버지가 집회 도중에 자리를 비운다면 하나님의 일에 큰 지장을 줄 것이라 말들 했다. 이 얼마나 끔찍한 부담감인가!

아버지의 경우와는 비교도 되지 않지만, 나도 때때로 그런 갈등을 겪는다. 나 역시 사역을 하면서 엄마 손이 필요한 아이들을 길러왔다. 지난 여름에 우리 가족은 바닷가에 갔었다. 나는 오전에는 일을 하고 오후에는 아이들과 있으려고 했다. 아이들이 불만을 터뜨렸다. 뭔가 부족하다는 것이다. 나 또한 불만스러웠다. 가족이든 사역이든 어느 한 쪽에만 전념할 수는 없는 노릇이었다. 나 역시 성실하고 싶어 갈등했다.

균형을 유지하려고 애썼건만, 사역은 많은 시간과 에너지가 필요한 일이다. 그런데 가족들은 웬만하면 참아준다. 그렇기 때문에 가족들과의 관계를 생각한다면 사소한 일에 더 주의를 기울여야 한다. 나는 여러 도시들을 방문할 때마다 아홉 살짜리 손자에게 엽서를 보낸다. 내가 자기를 생각하고 있다는 것도 알리고 역사나 지리를 배울 수 있는 기회도 주려는 것이다. 최근에 조지아 주(州) 애틀란타에 갔을 때는 마틴 루터 킹 주니어(Martin Luther King Jr.)의 엽서를 보내주었다. 킹 박사가 할아버지의 친구였고 역사를 바꾼 사람이라는 설명도 덧붙였다.

아버지가 사역과 가족 사이에서 균형을 이루기 위해 하셨던 일들을 나는 한층 발전시켜 실행하고 있다. 아버지는 사랑하는 이들에게 편지, 짧은 글, 전화로 연락을 하셨다. 요즘 들어 아

가족들과 함께 (2005년 여름)

버지를 생각해 보면, 사역과 가족 사이에서 뭔가를 포기하고 선택할 때마다 그 힘든 결정을 어떻게 견뎌내셨을지 가슴이 아프다. 특히 막 결혼해서 아이들이 어렸을 때 말이다. 나이가 들면 들수록, 아버지의 인내력이 새삼 놀랍기만 하다. 그리고 아버지가 견뎌내셨어야 할 짐의 무게가 나를 슬프게 한다.

배신에 대처하다

아버지는 지속적인 신뢰 관계를 바탕으로 사역을 해오셨다. 하지만 대다수의 리더들이 그렇듯, 아마 리더라면 누구나 경험하듯, 배신도 겪으셨다. 그런데 주목을 끄는 것은 그런 배신에 대처하는 아버지만의 방법이다. 아버지는 비판자들에게 일일이 대꾸하지 않으신다. 그보다 한 수 높은 길을 택하신다. 아버지는 내가 다른 사람들을 비판할 때마다 주의를 주셨다. 은혜로 온유하게 사람을 대해야 한다고 생각하셨다. 이것은 아버지에게 잘못했던 사람들에게도 똑같이 적용된다. 만약 누군가 아버지에게 상처를 준다면 아버지는 가능한 한 선하게 생각하신다. 심지어, 가족들에게도 그 사람에 대한 비난을 삼가도록 명하셨다.

어렸을 때, 몬트릿의 할아버지 댁에서 있었던 특별한 대화가 생각난다. 기억을 더듬어 보건대, 아버지와 할머니, 할아버지, 내가 소나무로 장식된 거실에 있었다. 나는 바닥에 앉아 늘 놀던 장난감들을 찾았고 어른들은 말씀을 나누고 계셨다.

할아버지는 흔들의자에, 아버지는 등받이와 팔걸이가 있는 의자에 앉아 계셨다. 두 분은 가깝게 일하던 친구와의 관계 때문에 힘든 일을 이야기하셨다. 내가 듣기에, 그 친구가 아버지를 공개적으로 비난한 것 같았다. 아버지는 할아버지께 어떻게 대처해야 할 지 여쭈어 보았다. 자세한 것은 기억나지 않는다. 한때 아버지와 같이 일했던, 십대선교회 (YFC)의 찰스 템플턴 (Charles Templeton)일 수도 있고 다른 사람일 수도 있다.

찰스 템플턴과 아버지는 1946년 YFC 집회를 인도하러 영국과 유럽을 함께 다녀오셨다. 그 후에 찰스는 담임하던 교회를 그만 두고 프린스턴 신학교에 등록했다. 거기서 영적인 문제로, 특히 성경의 권위에 대해 씨름하던 찰스는 아버지와 심도 깊은 논쟁을 벌였다.

그 당시, 일련의 신학자들의 책을 읽던 아버지도 비슷한 혼란에 빠지셨다. 성경의 권위에 대해 고민하고 계셨던 것이다. "나는 찰스를 대단히 존경하고 아꼈다. 그래서 그의 고민은 곧 나의 고민이기도 했다."[4]

영적인 사람들이 성경을 하나님의 말씀으로 받아들이고 신뢰할 수 있을 것인가 고민한다는 사실은 아버지를 괴롭혔다. 그 당시, 아버지는 노스웨스턴 대학(Northwestern Schools)의 총장이셨다. 대학에는 교양 과정, 성경 연구 과정, 신학교가 있었다. 또한 아버지는 사역의 전환점이 된 1949년 로스앤젤레스 집회를 눈앞에 두고 있었다. 그런데 이 시점에서 소명의 기반을 송두리째 뒤흔드는 질문을 맞닥뜨리게 된 것이다. 고민의 심연, 그 바닥까지 내려갔을 때, 아버지는 중대한 결정을 내려야 했다.

1949년 9월 로스앤젤레스 집회가 시작되기 직전, 아버지는 교외의 어느 수양관에서 열리는 회의에 참석하셨다. 찰스 템플턴도 참석했고, 둘은 신학적인 문제들로 격론을 벌였다.

찰스는 아버지에게 말했다. "빌리, 자네는 시대를 역행하고 있군. 사람들은 더 이상 자네처럼 성경을 받아들이지 않는다네. 자네의 믿음은 너무 단순해." 나중에 아버지의 친구는 찰스가 뒤에서 하는 말을 들었다. "빌리는 앞뒤가 꽉꽉 막혀서 말이 안 통해. 한심하기 그지 없군. 이제 우리는 갈라서야겠어."[5]

이 말은 아버지에게 상처가 되었다. 아픈 곳을 찔렀다. 찰스는 절친한 친구이자 소중한 사람이었다. 아픈 만큼 성경에 대한 고민도 깊어졌다. 어느날 밤, 혼란의 무게에 짓눌린 아버지는 산책을 나섰다. 아버지는 자문하셨다. "나는 성경을 신뢰하는가? 로스앤젤레스 집회가 코앞으로 다가왔다. 나는 해답을 찾아야만 해. 성경을 신뢰할 수 없다면 난 그만두어야 해."[6]

나무가 우거진 숲에 들어가신 아버지는 멈추어 서서 무릎을 꿇으셨다. 그리고는 성경을 펴서 나무 그루터기에 놓으셨다. 거기서 아버지는 인생의 길을 확정하는 결단을 내리셨다. 성경에 '모순이 있는 것 같아도', 이해할 수 없는 의문점이 있다 해도, 믿음으로 성경을 하나님의 말씀으로 믿겠다는 기도를 올려드렸다. "저의 짧은 생각에서 나오는 의문과 의심들을 뛰어넘어 믿음으로 나아가겠습니다. 그리고 성경이 하나님의 영으로 감동된 말씀임을 믿겠습니다."[7]

　자리에서 일어섰을 때, 아버지는 하나님이 주시는 평화를 느꼈다. 무언가 해결되었다는 것을 알았다. 영적 전쟁을 "치르고 이겼다."[8]

　몇 주가 지나, 로스앤젤레스에서는 큰 일이 벌어졌다. 아버지와 사역을 완전히 바꾸어 놓은 집회가 두 달에 걸쳐 열렸다. 아버지는 그 수양관에서 있었던 일을 "내게 로스앤젤레스 집회를 대비케 하신 하나님의 숨겨진 전략"이라고 말씀하셨다.[9]

　친구라고 여겼던 사람의 독설 덕분에 믿음으로 성경이 진리이고 하나님의 영감으로 쓰인 것을 받아들였지만, 배신의 고통은 뼈아픈 것이었다.

　이후 그 두 사람은 평행선을 걷게 되었다. 아마도 이 관계를 둘러싼 상황들이, 몇 년이 흘러 그날 오후에 내가 할아버지 댁 거실에서 놀고 있었을 때, 어른들이 나누시던 이야기의 내용이었을 것이다. 아니면 다른 누군가일 수도 있었다. 어느 쪽이든지 간에 아버지가 보여주신 반응은 참으로 아버지다운 것이었다.

사실 나는 놀이에 빠져서 어른들의 말씀을 다 이해한 것도 아니다. 하지만 누군가 때문에 아버지가 마음 아파하신다는 것은 알았다. 그래서 나 역시 마음이 불편했다. 누군가 아버지에 대해 안 좋게 생각한다는 것이 싫었다.

　그때, 누군가, 아마도 성격이 좀 급하신 할머니께서, 아버지를 두둔하시면서 언성을 높이셨다. 그래서 나는 기분이 좋아졌다.

　하지만 아버지는 부드럽게 말씀하셨다. 그 누구에게 들으라는 게 아니라 자신에게 말씀하시는 것 같았다. "다른 사람을 비난해서는 안 되겠지요. 그 사람의 마음이나 동기를 알지 못하니까요. 하나님께 맡겨 드릴 뿐입니다."

하나님께 맡겨드리다

　이렇게 말씀하시는 것을 나는 여러 번 보았다. 그리고 아버지의 행동은 말씀과 일치했다. 반대하는 적들을 하나님께 맡겨 드렸다. 자신의 손으로 문제를 해결하려 하지 않으셨다. 물론, 고통과 좌절을 느끼셨을 것이다. 하지만 비판자와 적대자들에 대해 은혜의 자세를, 심지어 방어적인 자세를 견지하셨다. 상처를 받아도, 상처를 준 사람의 평판을 깎아내리지 않으신다. 예수님의 명령을 따르며 성실과 충성의 모습을 보여주신다. "나는 너희에게 이르노니 너희 원수를 사랑하며 너희를 박해하는 자를 위하여 기도하라"(마 5:44)

실제로, 찰스 템플턴이 사경을 헤맬 때, 아버지는 그를 찾아가 기도하셨다. 지난 수년간 아버지는 옛 친구와 연락을 끊으셨지만, 아버지는 자신의 사역을 계속 비난하는 친구를 여전히 깊이 사랑하고 계셨다. 그래서 갈등은 제쳐 두고 만나기로 하셨다. 친구에 대해 반박의 글을 쓰고 기억 속에서 지워버리는 게 손쉬운 방법이겠지만 아버지는 그러지 않으셨다. 배신하였어도 사랑한다는 것을 상처 준 사람에게 보여주심으로 사랑을 입증하셨다.

아버지의 인격에 비추어 볼 때, 비난하고 배신한 사람들에게 보여주신 반응은 일반적으로 사람들을 대하는 태도와 일맥상

통한다. 내가 어렸을 때 아버지는 공공장소에서 다가오는 낯선 사람들에게 결코 안 된다고 말씀하시거나, 돌려보내신 적이 없었다. 심지어 가족끼리 식사를 할 때조차도 그러셨다. 나는 그런 사람들을 기꺼이 받아주시는 아버지의 모습에 불만이 많았다. 소중한 가족만의 시간을 도둑질 당하는 것만 같았다. 그러나 이제 와서 생각해 보니 아버지의 온화함은 그렇게 사람들을 대하는 태도에서 드러났다. 아버지에게서 등을 돌린 사람들을 대하는 태도에서는 더욱 더 분명히 드러났다.

아버지가 적대자들에게 적극적으로 대처하기를 꺼려하신 데는 대립을 싫어하신 까닭도 있지 않을까? 나라면 분명히 그럴 것이다. 누군가와 맞서서 치열하게 공방전을 치르느니 차라리 그냥 흘러가게 놔두겠다. 하지만 살다보니 터무니없는 밀로 비난하는 사람들에게 나 자신, 아니면 우리 가족의 정당함을 낱낱이 밝히고 싶었던 적이 있었다.

1970년대에 읽었던 성경을 펴 보면 시편 35편의 몇 구절을 아버지를 위한 기도로 표시해 놓았다. 그때 누군가가 공개적으로 아버지의 평판에 흠집을 내고 있었던 것 같다. "여호와여 나와 다투는 자와 다투시고 나와 싸우는 자와 싸우소서"(시 35 : 1) 나는 가족들에 대해 의리를 지킨다. 하지만 배신을 당했을 때는 아버지가 보여주신 길을 따르려고 애써왔다. 기도하면서 하나님께 염려를 맡겼다. "하나님 손에 맡겨 드립니다."

하나님께 두려움, 상황들, 상처를 맡겨드린다는 것은 전투가 될 수도 있다. 시편 35편의 말씀을 기도하면서도 부모님께 일어날 일들에 대해 염려하는 마음으로 고통스러웠다. 그 걱정을 쏟아내며 기도하다보니 마음에 평안을 얻었다. 하지만 도무지 평안을 찾을 수 없을 때가 있다. 기도하면서도 염려로 가득할 수 있고 불안할 수 있다. 그럴 때면 두려운 마음이 있어도 하나님을 신뢰하기로 결단을 내려야만 한다. 신뢰의 씨름. 하나님을 신뢰하는가? 하나님께서 우리를 돌보신다고 믿는가? 하나님께서 "그 문제를 해결하신다"고 믿는가?

아버지를 보면서 깨달은 것은, 많은 경우에 문제가 꼬리에 꼬리를 물다가 결국에는 신뢰라는 주제와 맞닥뜨리게 된다는 것이다. 하나님을 신뢰하기, 하나님을 의지하기, 하나님의 선하심과 사랑을 믿기. 이것이야말로 아버지가 내게 물려주신 것이다.

모든 것은 정직한 믿음으로 귀결된다. 어느 날 밤, 한 젊은이가 숲 한 가운데서 성경을 펼쳐 놓고 무릎을 꿇었을 때, 중년의 남자가 슬픔에 찬 가족을 내버려 둔 채 복음을 전하러 가야 했을 때, 이제 백발의 노인이 되어 사랑하는 친구의 장례식에서 하늘 나라에 대해 이야기할 때, 아버지에게는 언제든지 믿음만이 해답이었다. 그리고 그 믿음이 아버지가 내게 남겨주신 유산이다.

제 6 장

진실성

나는 선한 싸움을 싸우고 나의 달려갈 길을 마치고
믿음을 지켰으니 (딤후 4 :7)

2004년 5월 14일, 버지니아에 놀러 온 지지 언니와 어린 시절 친구인 제인 프리스트와 함께 거실에 있는데 갑자기 전화가 울렸다. 몬트릿에 사는 제인의 친구였다. 구급차가 우리 집 쪽으로 올라가는 소리를 들었다는 것이다.

우리는 즉시 빌리 그레이엄 전도 협회 사무실에 전화를 했다. 그곳에서는 부모님이 잘 계신 것으로 알고 있었다. 하지만 곧 진상을 알게 되었다. 아버지의 보좌관인 데이빗 브루스가 우리들에게 전화를 했다. 아버지가 낙상을 당하셔서 골반뼈가 부러졌다는 것이다.

우리는 깜짝 놀랐다. 아버지는 바로 전해에 낙상을 입으셔서 고관절 부분대체 수술을 받으시고 회복 중이셨다. 수술 후, 회복에 전력을 다하고 계셨는데, 이렇게 되면 그 모든 노력이 수포로 돌아간 것이다. 아버지는 많이 회복되었다고 생각하고 간호사의 도움 없이 혼자 일어나려다 다시 넘어지셨다.

언니와 제인 그리고 나는 다음날 아침, 아버지가 계신 애쉬빌의 복음 병원으로 직행했다. 병실에 도착해 보니 아버지는 통증을 느끼고 계셨다. 하지만 아버지의 표정은 나쁘지 않으셨다.

생기가 돌았다. 사실, 내 일기에는 "아버지가 좋아보였다."라고 적혀 있다. 하지만 골절은 심각했고 어떤 의학적 치료를 할지는 아직 결정되지 않았다. 우리 모두는 의사의 입에서 무슨 말이 나올지 전전긍긍했다.

나는 아버지 침대 옆에 의자를 놓고 앉았다. 아버지는 앞으로의 일들에 대해 말씀하기 시작하셨다. 통증은 심하고 정해진 것은 아무것도 없었지만, 아버지는 여전히 사역을 생각하고 계셨다. 다음 달에 캔자스시티에서 열리는 집회에서 설교하기로 예정되어 있었다. 그 후에는 로스앤젤레스에서 집회가, 또 뉴욕에서 집회가 있었다. 아버지는 그 때까지 설교를 하실 수 있을 정도로 회복할 수 있는지, 혹은 완전히 회복할 수 있는 것인지 궁금해 하셨다.

나는 아버지의 손을 잡으면서 말했다. "아빠, 이렇게 힘드셔서 어떻게 해요?" 고통스러워하시는 아버지를 보는 것도 싫었고, 앞으로 길고 긴 시간동안 회복하려고 안간힘을 쓰셔야 하는 것도 염려되었다.

하지만 아버지의 푸른 눈동자를 바라보았을 때 나는 뭔가에 얻어맞은 듯 했다. 얼마나 편안해 보이시던지. 걱정이 하나도 없으신 듯 했다. 아버지는 캔자스시티와 다른 사역의 날짜들을 생각하고 계셨다.

그리고 아버지의 해결책은 좌절하고 조급해하며 마음 졸이는 것이 아니라 침착하게 견디어 내는 것이었다.

아버지는 말씀하셨다. "나는 주님 손 안에 있단다. 만약 내 사역이 이런 식으로 끝나는 것이라면 그렇게 되겠지."

나는 미소를 지으며 고개를 끄덕였다. 아버지의 말씀, 그리고 말씀하시는 아버지의 모습이 내 마음을 흔들어 놓았다. 만약 누군가 이런 일을 겪게 된다면, "왜 나한테 이런 일이 생긴 거죠? 나는 이제 겨우 나아가고 있었는데. 게다가 꼭 해야 될 일도 있습니다. 이렇게 있을 시간이 없다구요."라고 반문할지 모른다. 나라면 그랬을지 모른다. 어쩌면, 한 순간 아버지도 그런 생각이 머리를 스치셨을지 모른다.

하지만 내가 병원에 도착했을 때 이미 아버지는, 자신의 소망과 바람대로 되지 않았어도 만족해 하셨고 하나님이 행하신 일을 전적으로 받아들이셨다.

"나는 주님 손 안에 있단다." 아버지가 말씀하셨다.

나는 주님 손 안에 있다. 다시, 신뢰였다. 주님을 의지하는 것, 아버지의 믿음이었다. 주님을 깊이 사랑하고 신뢰했기 때문에 이번 어려움 속에서도 하나님께서 아버지를 향한 계획을 갖고 계시리라 믿으셨다. 하나님께서 원하시는 것이라면, 그것이 무엇이든지 아버지에게는 선한 것이었다.

병실에 누워계신 아버지를 보면서, 아버지의 믿음이 얼마나 진실한지 새삼 깨달았다. 수많은 사람들 앞에서 설교할 때 보여주는 것이 아니라 매일매일의 삶에서 존재하는 믿음. 정말 개인적인 순간, 그리고 고통스러운 순간에서조차 아버지는 자신을 주님의 손에 맡겨드렸다. 아버지는 병원에 있는 것을 원치 않으셨다. 캔자스시티에서 설교할 수 있기를 바라셨다. 하지만 그 어떤 원망이나 좌절은 찾아볼 수 없었다. 그저 이 마음뿐이었다. "하나님께서 내가 이런 식으로 끝내길 원하신다면, 그것으로 족하다."

있는 그대로의 모습으로

아버지는 공적인, 혹은 개인적인 어떤 이미지를 만들려고 애쓰신 적이 없다. 아버지는, 보이는 것이 바로 아버지이다. 어떤 환경에서든 아버지는 자신의 모습이셨다. 그것이 아버지의 진실성이다. 아버지는 다른 사람인 척 하신 적이 없다. 자신의 약점에 대해서도 솔직하시다. 아버지는 자신의 약점을 잘 알고 계신다. 하지만 아버지의 관심사는, 하나님께서 아버지에게 허락하신 일, 곧 복음전파이다.

일평생 아버지는 복음 전파에만 온 힘을 쏟으셨고 사명에만 매달리셨다. 이 또한, 진실한 삶의 또 다른 증거이다. 아버지와 대화를 나누다 보면 아버지의 주된 관심사가 무엇인지 금방 알게 된다. 항상 하나님에 대한 이야기를 하신다. 만약 아버지가 토크 쇼에 나가게 되신다면 질문이 무엇이었든지 대화의 주제는 결국 복음으로 돌아가게 될 것이다. 아버지는 어떤 상황에서도 주저하지 않으신다. 일국의 대통령에게도 믿음에 관해 말씀하실 수 있다. 길거리의 알코올 중독자에게도 믿음에 대해 말씀하실

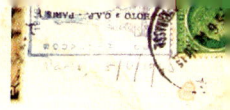

수 있다. 언제 어디서든, 아버지는 하나님과 그리스도를 향한 믿음만 바라보셨다.

    병원에 입원하신 아버지는, 간호사와 의사들부터 병원 관리인들까지 모두에게 복음을 전하신다. 정식으로 예배 시간에 말씀을 전하시는 게 아니다. 복음 전파가 빌리 그레이엄 목사의 직업이라서 하시는 게 아니다. 아버지는 원래 그런 분이시기 때문에 다른 사람들의 영적 필요를 채우기 위해 손을 내미신다. 예전에 어머니가 병원에 입원하셨을 때, 병문안을 오신 아버지는 다른 환자들을 위해 기도해 주시느라 바쁘셨다. 그때도 가족과 하나님의 일 사이에서 갈등이 있었다. 하지만 이런 갈등조차도 아버지의 일관적인 태도를 보여준다.

    아버지가 골반뼈 골절로 병원에 입원해 계신 며칠 동안, 나는 어쩔 수 없이 버지니아로 돌아가야 되기 전까지 부지런히 병문안을 갔었다. 아버지의 독서 습관을 알고 있었기에, 서점에서 책을 한 권 사갔다. 그해 초, 이전 낙상으로 고관절 대체 수술을 받으셨을 때, 아버지는 새 번역본 성경을 읽으면서 회복의 시간들을 보내셨다. 아무런 것도 기록하지 않고 그냥 읽으셨다.

아버지는 가져간 책을 고맙게 받으셨다. 내 일기장에 이렇게 적혀 있다. "아버지는 정말 다정하시다. 그리고 처음부터 끝까지 신사다." 그 날, 아버지는 자신의 건강상태에 대해서 이런저런 말씀을 자세하게 하셨다. 그리고 언제나 그러신 것처럼, 이런 이야기가 당황스러웠다면 미안하다고 말씀하셨다. 내 일기장에 이렇게 적여 있다. "아버지가 그런 말씀을 하시는 게 당황스럽지는 않았다. 하지만 아버지가 얼마나 약하시고 상처받기 쉬운 분인지 알게 되었다.…… 두 분, 어머니와 아버지가 다른 사람들에게 의지하는 모습을 보니 마음이 무겁다."

그러나 심신이 많이 약해지셨어도 아버지는 여전히 아버지이시다. 여전히 앞날을 생각하시고, 소망을 갖고 계시며, 하나님께서 계속 하라고 허락하신 사역에 열정을 갖고 계신다. 그때 그 병원의 침상에서 사역을 끝내리라 결심하셨을 수도 있다. 그렇다고 해서 아버지를 비난할 사람은 아무도 없을 것이다. 하지만 아버지는 여전히 그 이전의 삶을 고수하고 계셨다. 밀고 나가는 추진력, 발목을 잡히지 않으려는 의지, 복음전파에 대한 뜨거운 마음, 사명에 대한 책임감, 이 모든 것들은 아버지가 가장 약해져 있을 때도 활발히 활동하고 있었다. 아버지는 앞으로 벌어질 일들을 기꺼이 받아들이셨다. 하지만 벌써 캔자스시티와 로스앤젤레스를 바라보고 계셨다. 그 도시의 사람들을 위해 기도하셨다. 그리고 그 이후에, 뉴욕을 생각하고 계셨다.

하나님이 연장해 주시는 시간

애쉬빌에 와서 아버지를 만나고 며칠이 지나, 의사는 부모님과 우리 형제자매들에게 아버지가 선택하실 수 있는 몇 가지 치료법을 말했다.

어머니는 내내 조용히 듣고만 계셨다. 아버지는 하나님께서 그해의 집회 사역만 막으시는 건지, 아니면 영영 할 수 없을 것인지 궁금해 하셨다. 일단, 캔자스시티 집회 일정이 잡혀 있으니 빨리 조치를 취해야 했다. 여러 가지 치료법을 비교 검토해 본 후, 결국 건강에 무리가 덜 가는 핀 고정 수술을 받기로 했다. 회복은 더디겠지만 아버지의 건강상태가 좋으니 회복하실 수 있다는 것이 전반적인 의견이었다. 어머니는 아버지가 수술을 받으신 후에 집에서 치료를 받으실 수 있는지 물으셨다. 내가 보기에 어머니는 아버지가 영영 집에 돌아오지 못하실까봐 걱정하시는 것 같았다. 아니, 두려워하시는 것 같았다. 아버지의 연세는 여든 다섯이다. 방금 전 아버지와 동년배의 노인이 골절을 당해 병원에 입원한 후 폐렴으로 사망했다는 이야기를 들었다.

그러나 아버지는 집으로 돌아오셨다. 재활치료도 꾸준히 받으셔서 느리지만 회복되셨다. 하나님은 아버지에게 시간을 늘려 주셨다. 덧붙여 강건함까지. 아버지는 캔자스시티와 로스앤젤레스에서 말씀을 전하셨다. 집회 일정을 아버지에게 맞추어 조정했다. 그리고 몇 달 미루어 2005년 6월 말로 정해진 뉴욕 집회를 준비하기 시작하셨다. 누가 결정한 것도 아닌데, 뉴욕 집회는 미국에서의 마지막 집회이거나 아니면 아버지 평생의 마지막 집회가 될 분위기였다. 어찌 되었든지, 뉴욕은 전 세계 여러 세대에 걸쳐 영향을 미쳤던 수십 년의 사역을 멋지게 마무리할 준비를 했다. 뉴욕에서 종결짓는다는 것은 어떤 의미에서 볼 때, 완전히 한 바퀴를 돌아 제자리로 오는 것이다. 1957년 바로 그 도시에서 몇 달에 걸쳐 열렸던, 역사에 길이 남았던 집회의 48번째 기념일에 일생의 마지막 집회가 열린다. 그런 생각으로 아버지는 휴식기간 동안 준비하셨다.

2005년 뉴욕 집회에서
비브 아저씨와 아버지

뉴욕에서 보여준 진실함

2005년 뉴욕 집회에서 아버지의 진실함은 빛을 발했다. 그 집회는 육십 여 년에 걸친 빌리 그레이엄 사역의 정수(精髓)였다. 서른 무렵 아버지는 휘튼 대학을 졸업하기도 전에 신학생으로서 플로리다에서 복음을 전하기 시작했다. 시카고의 교회를 전담하셨고, 십대선교회와 함께 미국과 유럽에서 집회를 열었다. 노스웨스턴 대학의 총장을 역임하셨고, 1947년에 미시간 주(州) 그랜드래피즈와 고향인 샬롯에서 단독으로 시 규모의 집회를 시작하셨다.

전 세계를 무대로 육십 여 년 동안 한 가지 사명에만 매진하는 사람은 드물 것이다. 그렇게 오랫동안 소명을 감당하거나 역할을 담당했을 때는, 사역자의 진실성이 드러날 수밖에 없다. 복음 전도자로서 아버지의 사역에 종지부를 찍는 2005년 뉴욕 집회는 아버지의 진실함을 여실히 드러냈다. 내 평생 존경해왔던 아버지의 자질들이 손에 잡히는 듯 했다. 세상을 향한 사랑, 하나님 아버지의 마음, 겸손, 은혜 그리고 성실한 충성까지. 뉴

플러싱 메도우즈 코로나 공원에서 2005년 뉴욕 집회

욕에서 아버지는 가지고 있는 것을 모두 쏟아 부으셨다. 생기가 충만했고, 가장 아버지다운 모습이었다.

　뉴욕 집회가 있기 직전 내겐 작은 사건이 있었다. 첫날 오후 늦게, 친구들, 빌리 그레이엄 전도 협회 일원들, 가족들을 만나 플러싱 메도우즈 코로나 공원으로 향하는 버스를 탔다. 시간을 넉넉히 잡고 맨해튼에 있는 호텔을 떠났는데 어찌 된 일인지 버스가 길을 잃었다! 결국 우리는 세 시간이 지나서, 집회 시작하기 직전에야 간신히 공원에 들어설 수 있었다. 얼굴이 하얗게 질린 운전사를 놔둔 채, 우리들은 전속력으로 무대 뒤로 뛰어갔다. 그리고 겨우 아버지를 뵙고 기념 사진을 찍을 수 있었다. 나중에 그 운전사가 집회 도중에 그리스도를 구세주로 영접하겠다고 앞으로 나간 것을 알게 되었다. 그래서 첫날은 그렇게 기분 좋게 끝났다.

　뉴욕 집회 때 아버지가 계신 대기실의 분위기는 이전과 판이하게 달랐다. 뉴욕은 아버지 사역의 종지부를 찍는 집회였기에 뭔가 '열광적인 팬'의 분위기였다. 대체로 아버지는 집회 전에 정해진 대기실에서 손님들을 맞으셨다. 하지만 코로나 공원에서는 T 아저씨가 보안을 맡았을 때와는 달리 통제가 잘 안되는 것 같았다. 사람들은 아버지를 보려고 떼로 몰려 주위를 서성였다. 기자나 리포터들이 들락날락하며 인터뷰를 했다. 물론 이번 집회는 역사에 한 획을 긋는 것이었다. 그래서 존경심의 발로나 축제의 분위기도 어울렸다.

그러나 나는, 예배란 모름지기 하나님을 향한 두렵고 떨리는 마음이 있어야 한다고 생각한다. "일하시는 아버지를 방해하거나 귀찮게 하지 말라"는 이야기를 들으며 자랐기 때문이다. 나는 그저 멀리서 아버지를 바라보았고, 아버지는 내게 미소를 지으셨다. 내가 여기 있는 것을 아시는구나. 그것으로 만족했다. 아버지에게 다가가서 안거나 곁에 있지 않았다. 지금에 와서는 그때 머뭇거렸던 것을 후회하고 있다. 좀 더 앞으로 나가서 자연스럽게 아버지에게 다가갈 것을. 친구들을 데려가서 아버지에게 소개시켜 드릴 것을. 아버지의 상황과 사역을 존중하는 것이 먼저라고 생각했지만, 나는 여전히 자연스럽게 아버지에게 다가갔던 사람들을 질투하기도 했다.

그날 저녁, 가족들, 친구들과 함께 강단 근처에 앉아, 캄캄

해질 때까지 집회가 계속 되는 것을 보았다. 여든 두 살의 클리프 아저씨가 마이크를 잡았다. 열정적인 사회자이며, 아버지와 마음이 통하고 사랑스러운, 그 누구보다도 기품 있는 풍채를 지녔다. 회중과 강단 뒤에 자리한 대 규모의 성가대를 지휘하여 '주 예수 이름 높이어' 라는 곡을 불렀다. 그는 "빌리 그레이엄 목사가 가장 좋아하는 찬양"이라고 말했다. 그리고 나서 CCM 가수들, 기도 인도자를 소개하고, 헌금과 개인 간증까지 인도했다. 마지막에 '나 같은 죄인 살리신' 찬양이 흘러 나왔다. 청중들과 성가대가 찬양할 때, 보행기에 의지하신 아버지가 몇 사람의 도움을 받아 강단으로 나오셨다. 찬양이 끝날 무렵, 아버지는 높낮이를 조절할 수 있는 목재 강대상 옆에 앉으셨다.

　　이제 비브 아저씨가 찬양을 할 시간이다. 하지만 클리프 아저씨는 비브 아저씨를 소개하기에 앞서 고향 집에 계신 어머니에게 안부를 전했다. 그 집회는 기독교 라디오 방송을 통해 전국에 방송되고 있다고 말했다. "노스캐롤라이나 블랙 마운틴 밑자락에서 빌리 그레이엄 목사의 사모님이 이 방송을 들으며 같이 예배하고 계십니다. 우리 함께 열렬한 박수로 환영해 볼까요?

뉴욕에서 설교하시는 아버지(2005년)

루스, 당신이 이 방송을 듣고 있어서 기쁩니다. 당신을 위해 기도할게요."

나는 어머니가 아버지와 함께 전도 여행을 다니시던 때를 생각했다. 사실, 우리가 어렸을 때는 아버지와 함께 다니시기 보다는 집에 머물러 계실 수밖에 없었다. 이제 그런 책임감은 벗어 버렸지만, 건강이 허락지 않았다. 가슴이 아팠다. 하지만 기술의 발달 덕분에 어머니가 뉴욕 집회에 '함께 하실 수 있어서' 정말 기뻤다. 어머니께서는 분명 현장에서 일어나는 모든 일들을 세심하게 신경 쓰시며 기도하고 계셨을 것이다.

엄마에게 안부를 전하고 나서, 클리프 아저씨는 "미국이 사랑하는 복음성가 가수"를 소개했다. 비브 아저씨는 빈 강대상 옆으로 와서는 강대상 모서리를 의지해 서서 입을 열었다. "바위 투성이 해변에 서면 바다의 작은 일부분만이 눈에 들어옵니다. 하지만 수평선 너머 바다로 나가면 나갈수록 더 넓은 바다가 펼쳐져 있습니다." 그리고 나서 부드럽고 풍부한 목소리로 '그 크신 하나님의 사랑'을 부르기 시작했다.

찬양 내내 큰 스크린에 비친 아버지를 보니 어찌된 일인지 아버지가 감상에 젖어 있는 것 같았다. 아니면, 사명의 무게를 느끼며 해야 할 일에만 골몰해 계셨던 건지도 모르겠다. 아버지는 비망록에 전도 집회 설교가 많은 에너지를 필요로 한다고 쓰셨다. "나는 끊임없이 헌신에 매진한다.…… 영원의 문제를 이야기 한다는 것은 엄청난 책임감을 요구한다.…… 설교는 악한 세력과 싸우는 영적 전쟁이다."[1] 자리에 앉아 아버지를 보면서 나는 기도하기 시작했다. 아버지의 강건함을 붙잡아 달라고, 몸과 목소리가 사명의 무게를 감당할 수 있게 해 달라고.

진정한 겸손

비브 아저씨의 찬양이 끝나자 아버지는 보행기에 의지해 일어나서 프랭클린의 도움을 받아 강단으로 나가셨다. 청중들은 모두 일어서서 열광적인 박수와 응원을 보내기 시작했다. 아버지는 강대상을 양손으로 잡고 약간 수줍게 미소를 보이셨다. 낮고 부드러운 목소리로 "고맙습니다."라고 말하면서 설교를 시작하셨다.

비록 나이 드셨지만, 짙은 색의 양복, 숱이 많은 은발, 또렷한 눈매, 훤칠하고 당당한 체구의 아버지셨다. 뉴욕을 사랑한다고, 집회에 오신 분들에게 고맙다고 말씀하셨다. 그리고 나서 내가 여러 번 들었던 이야기를 하셨다.

몇 년 전에 필라델피아에서 어떤 사람이 아버지가 타고 있는 엘리베이터에 오르더니 "글쎄, 빌리 그레이엄 목사님이 여기 오신대요."라고 말했다. "그렇습니다." 일행 중 한 명이 아버지를 가리키며 "저기 계십니다."라고 말했다. 그러자 그 사람이 말했다. "뭐, 생각했던 것보다 별로인데!" 아버지는 그때와 비슷한 기분이라고 말씀하셨다. 진지하면서도 미안한 표정으로 코로나 공원을 둘러보시며 말씀하셨다. "이렇게 멋진 찬양과 이야기를 들은 후이니, 저는 별 볼 일 없어 보일 테지요."

그 즉시, 청중들은 한결같은 목소리로 "아니요"라고 외쳤다. 아버지를 알고 있는 사람이라면 아버지가 아니라는 이야기를 듣기 위해 그 대답을 했다고 생각하는 사람은 한 명도 없을 것이다. 그것은 겸손의 소박한 표현이었다.

아버지는 사람들이 자신이 아니라 하나님께 집중하길 원하셨다. 설교가 다 끝나갈 무렵 그리스도를 영접하겠다고 많은 사람들이 앞으로 나오자 말씀하셨다. "여러분은 오늘밤, 빌리 그레이엄이나 클리프 배로우즈나 다른 사람 앞으로 나온 것이 아닙니다. 예수님께 나아온 것입니다. 주님은 여러분을 사랑하십니다. 죄를 용서해 주십니다. 여러분은 십자가 앞으로 나온 것입니다."

아버지는 자신이 평범한 사람이라는 이야기를 집에서도 하셨다. 불현듯 질문이나 대화를 통해 아버지가 오늘날 전 세계에 큰 영향을 미치는 것은 아니라는 말씀을 자주 하셨다. 아버지는 이미 자신이 구시대적 인물인 양 느끼시는 것 같다. 내가 보기에 실제는 확실히 다른데도 말이다. 아버지가 사역하셨던 나라들을 여행하다 보면 사람들은 끊임없이 내게 연락을 하고 아버지를 얼마나 사랑하는지 이야기한다. 그들은 대부분 그리스도를 영접했던 집회의 날짜와 장소까지도 기억하고 있었다.

믿음의 유산

청중들은 아버지가 뉴욕에 오신 것과 집회를 하게 된 것에 대해 열렬히 환영했다. 일요일 저녁 마지막 집회 날, 아버지가 강단에 오르려고 일어섰을 때, 방송 매체들의 취재 열기가 극에 달했다. 일찍이 복음 집회에 대한 취재가 이렇게 뜨거웠던 적은 없었다.

록펠러 센터에서 기자 회견이 있었을 때 나는 회견장 한 구석에 있었다. 북적거리는 수백 명의 취재진들이 아버지에게 보내는 존경심에 나는 적잖이 놀랐다. 리포터들은 매우 공손한 태도로 질문을 했고 사람들은 아버지와 한 공간에 있는 것을 영광으로 여기는 것 같았다.

아버지는 벽처럼 둘러싸고 있는 카메라와 조명을 바라보시면서 유쾌한 농담을 하셨다. 항상 설교 전에 언급하시던 세계 역사의 움직임에 대해 말씀하시면서 "정말 기쁘게도, 성경은 세상 종말에 예수님께서 이 땅에 다시 오셔서 다스리시면, 눈물도, 고통도, 죽음도 없을 거라고 말씀하셨습니다.…… 대단히 멋진 미래입니다. 바라기는 거기서 여러분 모두를 만나길 바랍니다. 카메라도 모두 가져오십시오. 저도 거기 있을 테니까요!"라고 말

록펠러 센터에서 열린 뉴욕 기자 회견 (2005년)

씀하셨다.

　　여기저기서 웃음이 터져 나오자 아버지는 한결 여유로워 보이셨다. 하지만 굉장히 긴장하셨다고 나중에 말씀하셨다. 그렇게 많은 기자들 앞에서 영향력을 미치는 말을 한다는 엄청나게 무거운 책임을 지는 것이었다. 그것은 단에 설 때마다 항상 느끼는 부담감이었다.

　　아버지는 주님에 대해 그 어떤 것이라도 잘못 말하거나 욕되게 할까 염려하셨다. 몬트릿에서 사역 준비에 대해 하신 말씀이 생각났다. 성령님의 도움을 구하는 기도를 하시는데, 가끔은 "주여, 도와주소서."라는 말 밖에 할 수 있는 것이 아무것도 없었다고 하셨다. 기자회견장에서 리포터 한 명이 가장 즐겨하는 기도를 말해달라고 했다. 아버지의 대답은 바로 그것이었다. "기도를 하지 않는 순간은 단 한 순간도 없습니다. 항상 '주여 도와주소서.' 라고 기도하죠. 그것이 제가 가장 좋아하는 기도입니다."

　　그러자 여기저기서 더 많은 웃음이 터졌다. 참으로 인상적이었다. 그 방에 있던 모든 사람들이 어떤 믿음을 지녔든지 간에 그 소박한 기도에 공감하는 것 같았다.

아버지는 종교적인 이야기가 아니라 실제 삶을 말씀하셨기 때문이다. 우리는 도움이 필요하다. 우리는 하나님의 도움이 필요하다. 도움을 간구하는 울부짖음은 주님 없이는 어찌할 도리가 없는, 전적으로 주만 의지할 수밖에 없는, 우리의 실체를 가장 적나라하게 드러낸 것이리라. 알든 모르든 우리는 하나님이 필요하다. 아버지는 그것을 이해하고 계셨고, 그 진리를 드러내는 삶을 사셨다. 그것이 내게는 아버지가 일평생 전한 설교보다 더 값진 것이다. 하나님을 믿는 아버지의 삶, 즉 완전한 절망에서 벗어나 하나님께 기대어 하나님의 도움을 의지한 삶이 위대한 설교였다.

하나님의 사랑

2005년 유월의 주말, 뉴욕에서 설교하시는 아버지를 보니 마치 전쟁터에서 잔뼈가 굵은 백전노장을 보는 듯 했다. 오랫동안 전투를 치르면서 온갖 비바람을 견뎌 왔고 온 몸은 상처투성이지만 결코 굴복하지 않는 전사. 사실 아버지의 설교는 이전과 별반 다를 것이 없었다. 근본적인 것은 하나도 바뀐 것이 없다. 여전히 하나님의 말씀과 그리스도의 십자가만을 믿으셨다. 여전히 하나님의 사랑, 죄의 회개, 예수 그리스도의 피로 말미암은 용서, 하나님과의 개인적인 관계의 필요를 설교하셨다.

"이 곳에서 전할 말씀은…… 이전과 다를 바가 없습니다." 아버지는 지난 목요일 오후 기자회견장을 가득 채운 리포터들에게 말씀하셨다. "환경도 달라졌고, 문제들도 달라졌지만, 사람의 내면 깊숙한 곳은 달라지지 않았습니다. 그리고 복음도 달라지지 않았습니다."

뉴욕에서 달라진 것이 있다면, 아마도 말씀을 전달하는 방식 정도일 것이다. 사역 후기에는 좀 더 부드럽고 온화해지셨다. 그리고 하나님의 사랑을 더욱 강조하셨다. 기자 회견장에서도 아버지는 복음에만 초점을 맞추셨다. "이 나이가 되면…… 전할 말씀은 한 가지입니다."

인기 프로그램 진행자인 래리 킹이 아버지에게 비기독교인들은 "지옥에 떨어진다."고 저주하는 설교자들에 대해 물었을 때 아버지는 자신의 핵심 메시지에만 충실하셨다. "저는 하나님의 사랑과 용서, 하나님께서 우리의 죄를 사해주신다는 사실만을 전하도록 부르심 받았습니다. 그것이 바로 십자가이며, 구원의 전부인 동시에 복음입니다."

아버지의 사랑, 자비로움, 차별 없는 환대, 열린 가슴이 뉴욕에서 고스란히 드러났다. 코로나 공원 주변에 있는 민족, 국적, 인종, 종교를 모두 아우르며 말씀하셨다. 래리 킹이 아버지에게 다른 종교를 갖고 있는 사람들에 대해 묻자, "나는 그들을 모두 사랑합니다. 환영하구요. 그들과 함께 하며 친구가 되고 싶습니다."라고 말씀하셨다.

모든 사람들을 받아주는 변함없는 사랑 때문에 아버지가

뉴욕 집회 (2005년)

진실성을 인정받는 것이 아닌가 생각한다. 나이가 드시면서 그 수용성은 훨씬 더 넓어졌다. 차이, 경계, 구분을 초월하여 그저 안아주신다. 래리 킹에서 말씀하신 것처럼 모두를 사랑하신다. 그 집회 직후에 출간된 『빌리 그레이엄의 리더십 비밀 *The Leadership Secrets of Billy Graham*』이라는 책의 마지막 장 '사랑으로 이끌다'는 아버지가 20/20 인터뷰에서 대답하신 것들을 요약한 것이다. "만약 자녀가 동성연애자라면 그 아이를 사랑하시겠습니까?"라는 질문에 아버지는 아무런 망설임도 없이 즉각적으로 대답하셨다. "당연하죠. 더 많이 사랑할 겁니다."

그 대답이 내 가슴을 뭉클하게 했다.[1]

진정한 가치

아버지의 사역은 그저 사랑의 말씀을 선포하는 것에만 머무르지 않았다. 아버지와 팀원들은 조직적으로 말씀의 원칙들을 실행으로 옮겼다. 그래서 사역은 진실성을 인정받았고 빌리 그레이엄 전도 협회의 노력이 열매를 맺을 수 있었다. 2005년 뉴욕 집회의 의장인 버나드 박사(Dr. A. R. Bernard)는 첫날 저녁에 인사를 하면서, 아버지, 클리프 배로우즈, 비브 셰아, 그래디 윌슨이 사역 초창기 1948년에 세운 핵심 가치들을 언급했다.

모데스토 선언(Modesto Manifesto)라고도 불리는 이 핵심 가치들은 복음주의를 해하려는 덫을 피하기 위해 만들어졌다. 재정적 비리, 성적 부도덕, 반(反)지역교회 태도, 과장된 성공 사례 등이 그 덫이다. 이에 반(反)하여, 사역팀이 선언한 가치는 도덕적 고결, 책임, 청빈한 생활습관, 겸손이었다.

버나드 박사는 설명했다. "그들은 함께 서약했습니다. 이 네 가지 핵심 가치들을 개인 생활과 그레이엄 조직의 추진력으로 삼을 것을 말입니다. 그리고 그 서약을 오십 년이 넘게 지켜오고 있습니다." 팀 전체가 그 가치들과 하나님의 말씀에 충실했기에, 하나님의 은혜로 말미암아 사역이 지속되어 왔다고 말했다. 나도 그렇게 생각한다. 사역은 때로 시험을 받았고 그때마다 진짜임을 드러냈다. 그 증거를 찾으라 한다면 아마도 사람들의 반응일 것이다. 이 사역이 시작된 첫날부터 지속적으로 수많은 사람들이 주께 헌신했듯이, 코로나 공원에 모인 사람들도 복음에 반응하여 그리스도에게 삶을 드렸다.

하나님의 사역은 죽지 않는다

마지막 집회는 태양이 작열하는 오후에 열렸다. 그 열기, 불덩이처럼 뜨거운 태양, 끈적끈적한 습기, 이 모든 것들이 견디기 어려웠다. 한 조각의 구름도, 손바닥 만한 그늘도, 한 줄기의 바람도 없었다. 그저 태양이 내리쪼일 뿐이었다. 그런데도 사람들이 모였다. 찬양대가 '이 몸의 소망 무엔가'를 부르는 동안 아버지와 비브 아저씨가 강대상 앞으로 나왔고 아버지는 자리에 앉으셨다. 은발, 까맣게 그을린 얼굴, 검은 정장, 크고 검은 선글라스. 인상적인 모습이었다.

클리프 아저씨가 비브 아저씨를 소개하면서 인사의 말을 부탁했다. 비브 아저씨는 찬양하기 전에 인사말을 한 적이 한 번도 없었다고 말했다. "제가 그레이엄 목사의 사역에 합류한 것은 서른일곱 살 때였습니다. 이제 전 아흔여섯입니다." 박수가 터져 나왔다. 아마도 오랜 세월 지속된 비브 아저씨의 헌신과 사역 때문이었을 것이다. 아저씨는 아무렇지도 않은 듯, 계속 말씀하셨다. "그러니 이제 거의 끝까지 왔다는 것이지요." 곧바로 '주 하나님 지으신 모든 세계'를 부르기 시작했다. 처음 두 소절은 낮게 읊조리다가 마침내 깊은 베이스 목소리가 울려 나왔다. "하늘의 별 울려 퍼지는 뇌성……"

내가 완전히 몰두해서 보고 있는데 옆자리에 앉았던 친구 새러 도먼(Sara Dormon)이 물었다. "이번이 마지막인데, 너는 어떤 기분이 드니?"

주말 내내 너무나 분주해서 그런 생각을 할 여유가 없었다. 모든 것이 낯익은 장면들이었지만, 이제 마지막이다. 저 세 사람이 이렇게 함께 사역하는 것은 마지막인 것이다. 클리프 아저씨가 사회를 보고 비브 아저씨가 찬양을 하고 아버지가 설교하시는 모습. 아버지와 사역 팀은 런던으로부터 초대를 받았고 아직 결정을 못한 상태였다. 그래서 그날 설교하실 때만 해도 런던에 갈 여지가 남아 있었다. 하지만 이것이 팀 사역으로는 마지막이 될 수도 있겠다는 생각이 들었다. 그 순간을 마음 깊이 음미하려고 애썼다. 눈물이 솟았다.

또한, 엄마가 하셨던 말씀도 깨닫게 되었다. 비브 아저씨의 찬양을 듣는 순간 엄마의 말씀이 생각났다. "하나님의 사람은 죽지만 하나님의 사역은 죽지 않는다." 그렇다. 하나님의 종들은 왔다가 갈지라도 하나님의 사역은 살아있다. 하나님의 사역은 계속될 것이다.

그런 생각으로 나는 자신을 위로했다. 하나님의 사역은 계속될 것이다. 다른 장소, 다른 방법, 다른 형태로. 아버지의 사역은 매우 독특했다. 앞으로는 하나님께서 어떻게 하실지 모르겠다. 하지만 아버지, 클리프 아저씨, 비브 아저씨가 이런 식으로 함께 사역하는 일은 아마도 더 이상 없을 것이다. 슬펐다.

하지만 모든 것은 때가 있다는 생각도 했다. 끝도 인생의 일부인 것이다. 꽃은 봄에 피어나, 겨울에 진다. 삶이란 것도 그렇다.

하나님과 함께하는 평화

뉴욕 집회에서 아버지는 매우 좋아보였다. 힘이 넘치셨고 매 저녁마다 더 강건해지시는 것 같았다. 그리고 나서, 메이요 병원으로 돌아가 건강을 회복하시고 몬트릿 집으로 가셨다. 런던의 집회 요청은 수락하지 않기로 결정하셨다. 뉴욕의 집회를 잘 마무리 했으니 그것으로 끝내기로 했다. 나는 아버지가 정말

자랑스러웠다. 건강이 버텨주었다. 복음에 대한 사람들의 반응은 폭발적이었다. 하나님께서는 사역을 마무리할 수 있는 기회를 허락하셨다. 그것만으로도 선물이었다. 육십 년에 가까운 집회 사역이 아름답게 마무리되었다. 기쁨이 넘쳤고 사람들, 더 나아가 전 세계의 사람들을 향한 하나님의 역사하심이 있었다. 아버지께서 기자회견에서 말씀하셨듯이 전 세계가 만나는 곳을 찾으라 한다면 바로 뉴욕일 것이다. 마지막 집회에서 아버지는 말 그대로 전 세계를 사랑할 수 있으셨다.

지금 이 책을 쓰는 동안, 아버지는 집에서 새로운 책을 작업하시고 여전히 하루에 두어 번씩 보행기를 짚으시고 집 앞 길을 오르락내리락 하신다. 식사도 잘하고 충분한 휴식도 취하려고 애쓰신다. 심지어, 뉴올리언스에서 설교를 할 시기도 고려중이시다.

아버지를 바라보면 평화로운 남자가 보인다. 그의 내면에 고요함이 있다. 물론 아버지는 연로하여 한계를 느낄 때마다 낙심도 하신다. 하지만 대신 세월의 지혜가 쌓이는 것 같다. 아버지는 평안하시다. 나는 아버지께 나이가 들면서 몸은 노쇠하여

도 믿음을 지키는 것에 대해 책을 써보시는 게 좋겠다고 말씀드렸다. 아버지는 비전을 갖고 계신다. 하지만 요 몇 년 동안 건강에 많은 어려움을 겪으셨다. 그리고 일생 해왔던 사역들을 다른 사람들에게 넘겨야만 했다. 그것은 결코 쉬운 일이 아니었다. 누구라도 쉽지 않았을 것이다. 하지만 아버지는 늘 그래왔듯이 하나님께 맡겨 드렸다. 하나님은 신실하셨다. 아버지는 그 사역이 지속되는 것을 감사드렸고, 그래서 평안을 찾으셨다. 말씀하신 대로, 아버지는 하나님의 손에 있다.

아버지는 뉴욕 기자 회견장에서 평안에 대해 말씀하시며, 몇 년 전 메이요 병원에서 뇌수술을 받았을 때의 경험을 언급하셨다. 최근에 우리 아들이 저녁 식사 시간에 나이 먹는 것에 대해 여쭈어 보자 아버지는 그 이야기를 다시 하셨다.

2000년, 의사들은 아버지가 파킨슨병이 아니라 뇌에 물이 차는 뇌수종이라는 결론을 내렸다. 그들은 물을 배출할 수 있는 장치를 뇌에 삽입하자고 했다. 수술을 세 차례나 받아야 했다. 어느 날 밤, 아버지는 마음의 준비를 하고 있는데 수술을 하다 죽을 것 같은 기분이 들었다고 한다. 그 순간 모든 죄, 일평생 지은 죄와 심지어 코흘리개 어린 시절의 죄까지 쫙 펼쳐졌다. 아버지는 믿음으로 주님을 바라보았고, 순간, 다시 평화가 찾아왔다. 모든 죄를 완전히 용서받았다고 깨달았다. 기자 회견장에서 아버지는 그때 경험했던 것이 가장 큰 평화였고 지금까지도 누리고 있다고 말씀하셨다.

록펠러 센터에 모인 카메라들을 보면서 말씀하셨다. "하나님께서 내 마음에 허락하신 평화를 감사드립니다. 이 평화는 누구에게든지 임할 수 있습니다. 문제가 무엇이든, 무엇이 필요하든, 예수님은 마음에 찾아가셔서 죄를 용서하시고 새로운 생명을 주십니다. 이 세상에서의 평화로운 삶뿐만 아니라 이 세상의 삶을 넘어선 영원한 생명을 말입니다."

아버지는 사람들에게 예수 그리스도를 전하기 위해서라면 자신의 모든 삶, 모든 경험, 생각, 어려움까지도 사용하신다. 죽을 것 같은 순간에 느꼈던 하나님의 평안, 하나님과 내밀히 나누었던 기도들을 전 세계 사람들에게 내놓으셨다. 아버지가 이렇게 투명하게 내보이실 수 있었던 것은 아버지가 하나님께 삶을 드리면서 모든 순간이 하나님께 사용되기를, 심지어 가장 은밀

한 순간까지도 사람들에게 소망을 주고 하나님의 사랑을 드러내는데 사용되기를 원하셨기 때문이다. 아버지는 결코 주저하거나 숨기시지 않는다. 하나님을 온전히 신뢰한다. 그래서 평화가 임한다. 나도 그러길 간절히 바란다.

작은 강단

아버지는 휴식을 취할 때도 세계가 어떻게 돌아가는지 면밀하게 살피신다. 뉴욕 집회가 열리는 동안에도 아버지는 아침마다 여러 종류의 신문들을 읽으시며 현실감을 잃지 않으려고 노력하셨다. 기자들이 전 세계 상황에 대해 질문할 때마다 아버지는 오직 하나의 답만 말씀하셨다. "지금 세계의 문제가 무엇입니까?" 그들은 궁금해 했다. "대체 왜 이런 문제가 생기는 것일까요?"

아버지는 모인 청중들에게 대답하셨다. "성경은 우리의 문제가 죄라고 말합니다." 거기서 출발하여 그 해결책까지 제시하신다. 바로 예수 그리스도. 기자 회견장에서 아버지는 말씀하셨다. "그리스도의 복음이 그 해답이라고 생각합니다. 그것은 수많은 해답 가운데 하나가 아니라 완전한 해답입니다. 예수님이 아니라면 오늘날의 문제를 해결할 가능성은 전혀 없습니다."

아버지는 뉴욕 집회가 끝난 후, 더 깊은 애정을 가지고 사람들의 삶을 바라보셨다. 두 달 후 허리케인 카트리나가 뉴올리언스를 휩쓸고 걸프 만을 강타했을 때 몬트릿 집에 가 보니 아버지는 거의 말씀이 없으셨다. 거대한 재난과 고통 받는 사람들을 안타까워하시면서 텔레비전 앞을 떠나지 못하셨다. 아버지가 무엇을 하실 수 있을까? 성금을 보내셨지만 예전처럼 현장에 달려가 피해 상황을 직접 눈으로 보고 사람들을 보듬으실 수 없었다. 아버지는 자신이 무력하게만 느껴진다고 하셨다. 아버지의 얼굴에 좌절감이 비쳤다. 아버지는 카트리나 재해가 "미국에서 남북전쟁 이후에 최악의 비극일 수 있다."라고 공식석상에서 말씀하셨다.[2]

부모님은, 전국의 교회들이 따라 하길 바라면서 소박하게 할 수 있는 무언가를 시도하셨다. 카트리나로 집을 잃은 가족에게 집을 빌려주는 것이었다. 우리는 예전에 몬트릿 산자락에서 살았던 집을 빌려 주었다.

프랭클린은 루이지애나 주(州) 슈레브포트에서 한 가족을 만났고 그들의 이야기에 감동을 받았다. 뉴올리언스에 살고 있었던 메드라노 가족은 카트리나가 몰려오자 호텔로 대피했고, 그 다음에는 천주교 성당으로 갔다. 결국 보트를 타고 탈출했다. 삼대가 같이 사는 다섯 명의 가족 중에 제일 연장자인 에르네스티나 마르티네즈 할머니는 온두라스 출신으로 일흔 후반이었다. 파편들이 가득한 물살을 헤치며 대피하느라 부상을 입었다.

최근 몬트릿에 갔을 때, 그 가족을 만날 수 있었다. 아버지가 방문하신 날, 나도 한 번 가 보았다. 마르티네즈 할머니는 거실에 앉아계셨다. 아버지는 소파에 앉아 할머니의 손을 잡고 계셨다. 할머니는 스페인어로 말씀하셨고 통역자는 앞에 꿇어 앉아 아버지와 동역자들에게 영어로 이야기를 전달했다.

아버지는 열심히 귀를 기울이셨다. 마르티네즈 할머니가 거센 물살을 헤치며 대피하다가 파편 때문에 부상을 당했다는 이야기를 하자 고개를 끄덕이셨다. 오후 늦게 창밖에서 불빛이 비칠 즈음, 대화는 끝났고 아버지는 "당신을 위해 기도하겠습니다."라고 말씀하셨다.

　　마르티네즈 할머니의 손을 붙잡고 앉아 계시던 아버지를 보니 내가 아주 어렸을 때 바로 이 방에서 가족 예배를 드리던 일이 생각났다. 가장 어렸을 때의 기억은, 가족 예배 시간에 이곳에서 무릎을 꿇고 있었던 일과 어른들이 기도하시는 동안 난롯가에서 헐거워진 벽돌로 소리를 내며 놀았던 일이다. 오십 여 년이 흐른 지금, 아버지는 여전히 이곳에서 기도를 하신다.

　　아버지는 기도를 통해 복음을 전하고 계셨다. 예수님께서 십자가에 돌아가심을 감사드렸다. "예수님을 우리의 주인으로, 구원자로 영접하게 하시니 감사합니다. 우리에게 영원한 생명을 주시니 감사합니다." 아버지는 당신의 집에 머물게 된 그들에게 복음을 전하려고 하셨다. 기도하시면서 설교를 하셨다. 항상 그러셨듯이, 본연의 모습 그대로 그들을 사랑하셨다.

마르티네즈 할머니와
함께 계신 아버지

대형 강단은 사라졌을지 모른다. 거대한 청중도 사라지고 화려한 무대도 막을 내렸다. 하지만 한 사람, 한 사람을 만날 수 있는 조그마한 강단은 아직도 있다. 아버지는 하나님을 위해 그것을 사용하실 것이다. 이 세상에 우리와 함께 계신 한, 그 강단을 사용하실 것이다. 왜냐하면 그것이 바로 아버지이기 때문이다.

몬트릿에서 메드라노 가족과 함께 계신 아버지 (2005년)

후주(後註)

CHAPTER 1

1) Bill Graham, *Just As I Am: The Autobiography of Billy Graham* (San Francisco: HarperSanFrancisco/Zondervan, 1997), 565

2) *Ibid,* pp702-703.

CHAPTER 3

1) Graham, *Just As I Am*, p 723.

2) *Ibid*, p 324.

3) Russ Busby, *Billy Graham: God's Ambassador* (Charlotte, NC: Billy Graham Evangelical Association, 1999). p 93.

4) Graham, *Just As I Am*, p 324.

5) Ibid., p 421.

6) Billy Graham, "The Role of Religion in American Society," (paper presented at Nanjing University, Nanjing, 21 April 1988), Private sermon collection, Montreat, NC.

CHAPTER 4

1) Ruth Bell Graham, *It's My Turn* (Old Tappan, New Jersey: Fleming H. Revell Company, 1982), p 62.

2) Graham, *Just As I Am*, p 212.

CHAPTER 5

1) Graham, *Just As I Am*, p 28.

2) George W. Bush, *A Charge to Keep* (New York: William Morrow and Company Inc. 1999) p. 136.

3) Patricia Daniels Cornwell, *A Time for Remembering*: *The Ruth Bell Graham Story* (San Francisco: Harper & Row, 1983), p 217.

4) Graham, *Just As I Am*, p 135.

5) *Ibid*, p 138.

6) *Ibid*, pp 138-139.

7) *Ibid*, p 139.

8) *Ibid*, p 139.

9) *Ibid*, p 137.

CHAPTER 6

1) Graham, *Just As I Am*, p 324.

2) Harold Myra and Marshall Shelley, *The Leadership Secrets of Billy Graham*, (Grand Rapids MI: Zondervan, 2005), p 317

3) "Statement by Billy Graham on Hurricane Katrina" *Billy Graham Evangelistic Association* http://www.bgea.com/News_Article.asp?ArtivleID=112 (February 14, 2006)

2010년 7월 20일 초판 1쇄 인쇄
2010년 8월 1일 초판 1쇄 발행

지은이 | Ruth Graham & Stacy Mattingly
옮긴이 | 전현주
펴낸이 | 이종춘
펴낸곳 | BM성안당
주소 | 경기도 파주시 교하읍 문발리 출판문화정보산업단지 536-3
전화 | 031-955-0511
팩스 | 031-955-0510
등록 | 1973.2.1 제13-12호
홈페이지 | www.cyber.co.kr

ISBN 978-89-315-7481-4 03810
정가 12,000원

이 책을 만든 사람들
편집 | 이정아
교정 | 이태원
표지·본문 디자인 | 최효수
제작 | 구본철

Originally published in the U.S.A. under the title: A Legacy of Faith
Copyright ⓒ 2006 by Ruth Graham
Translation copyright ⓒ 2010 By Ruth Graham

Translated by Hyoun-Joo Chun

Published by permission of Zondervan, Grand Rapids, Michigan, U.S.A. through arrangement of rMaeng2, Seoul, Republic of Korea.

All rights reserved.

This Korean Edition Copyright ⓒ 2010 by Sungandang Company, Paju, Republic of Korea

본 저작물의 한국어판 저작권은 알맹2 에이전시를 통하여 Zondervan과 독점 계약한 성안당 출판사에 있습니다. 신 저작권법에 의하여 한국 내에서 보호받는 저작물이므로 무단전재와 무단복제를 금합니다.